Research on "Insurance+Health Service"

BUSINESS
MODEL

"保险＋健康服务"
商业模式研究

戴 锦 ◎著

中国财经出版传媒集团

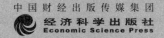

经济科学出版社
Economic Science Press

图书在版编目（CIP）数据

"保险＋健康服务"商业模式研究/戴锦著 . -- 北京：经济科学出版社，2022.10
ISBN 978 - 7 - 5218 - 4183 - 1

Ⅰ . ①保…　Ⅱ . ①戴…　Ⅲ . ①健康保险 - 商业服务 -
商业模式 - 研究 - 中国　Ⅳ . ①F842.62

中国版本图书馆 CIP 数据核字（2022）第 200626 号

责任编辑：李　雪　袁　澂
责任校对：刘　昕
责任印制：邱　天

"保险＋健康服务"商业模式研究
戴　锦　著
经济科学出版社出版、发行　新华书店经销
社址：北京市海淀区阜成路甲 28 号　邮编：100142
总编部电话：010 - 88191217　发行部电话：010 - 88191522
网址：www. esp. com. cn
电子邮箱：esp@ esp. com. cn
天猫网店：经济科学出版社旗舰店
网址：http://jjkxcbs. tmall. com
北京时捷印刷有限公司印装
710 × 1000　16 开　12.5 印张　160000 字
2022 年 10 月第 1 版　2022 年 10 月第 1 次印刷
ISBN 978 - 7 - 5218 - 4183 - 1　定价：64.00 元

前　　言

在"健康中国"战略以及金融支持实体经济发展等相关政策鼓励下，近年来我国商业保险业积极探索"保险＋健康服务"商业模式创新，如商业保险公司投资控股实体医疗机构、参与经营互联网医疗、投资兴办保险养老社区等，对于补齐我国健康服务业供给不足的短板、推进保险业与健康服务业融合发展起到了积极作用。本书基于商业模式理论对"保险＋实体医疗""保险＋互联网医疗""保险＋健康养老"等"保险＋健康服务业"商业模式创新以及"保险＋健康服务"生态圈战略进行了系统探讨，并提出了若干促进保险业与健康服务业融合发展的相关政策建议。

本书在写作过程中得到了以下科研基金的支持：《辽宁省基层医疗机构主导型医养融合养老模式研究》（项目编号 L16BGL007）、《健康中国视阈下我国医养结合养老服务模式创新与运行机制研究》（2019 年度教育部人文社科研究一般项目）、《构建大连持续照护型医养结合服务体系研究对策研究》（项目编号 2022dlsky082）、《依托医联体构建辽宁城市持续照护型医养结合服务体系研究》（项目编号 20231s1wzzkt－005）。本书写作得到了大连交通大学经济管理学院和大连交通大学科研处的大力支持。同时感谢经济科学出版社李雪、袁澈编辑为本书出版付出的辛勤努力。

戴 锦

2022 年 10 月

目 录

contents

第 1 章

"保险 + 健康服务"商业模式创新的现实背景

近年来，在"健康中国"战略以及金融支持实体经济发展等相关政策激励下，我国商业保险公司积极进军健康服务业，跨界投资经营实体医疗机构、互联网医疗和医养结合型保险养老社区等健康服务项目，持续推进多种形式的"保险 + 健康服务"商业模式创新，在弥补我国健康服务业供给短板，促进商业保险业与健康服务业融合发展等方面发挥了越来越重要的作用，商业保险业正在发展成为我国健康服务业一个重要的市场供给主体。"保险 + 健康服务"商业模式创新有着多重现实背景，大致可以概括为三个方面：一是人民群众日益增长的健康服务需求与健康服务有效供给不足之间的矛盾；二是"健康中国"战略以及金融支持实体经济发展的政策支持；三是商业保险业发展战略转型的需要。

1.1 人民群众日益增长的健康服务需求与健康服务有效供给不足之间的矛盾

随着经济与社会的发展，人民生活水平的持续提高以及人口老龄化趋势的加剧，人民群众的健康需求不断增加。按照经济学的恩格尔定律，随着收入水平的提高，人们用于吃、穿等基本生活消费的支出比例将持续递减，越来越多的收入将用于其他更高层次的消费，这就是消费升级。其中，对健康服务的需求增长是消费升级的一个重要表现。以医疗服务需求为例，据国家统计局相关统计数据，2010 年以来，我国居民人均医疗卫生费用（见图 1 - 1）年均增速超过 14%；卫生费用支出占 GDP 的比重逐年提高，2018 年已达 6.39%。随着收入的增长、人口老龄化加剧、全民健康意识的加强、我国居民的医疗消费支出将进一步持续增长。

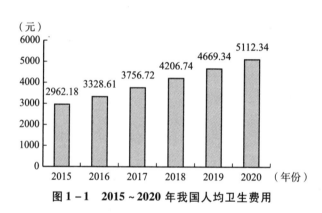

图 1 - 1　2015 ~ 2020 年我国人均卫生费用

资料来源：根据国家统计局相关资料整理。

随着我国经济社会的迅速发展，整个国家卫生健康体系发展目标从"以治病为中心"向"以健康为中心"发生转变，医疗、健康管理、健康养老等健康服务正在成为人民群众的刚性需求，并快速释放，我国健康服务需求与健康服务不平衡不充分发展之间的矛盾日益凸显。

什么是健康服务？研究者们对这一概念有不同的界定。美国经济学家保罗·皮尔兹在《新保健革命》一书中指出，健康服务业是以健康为中心，为全部人群提供健康相关产品和服务，以达到不生病、少生病的目的。陈亚光（2015）认为，健康服务业是健康产业的一个重要组成部分。健康产业可大致分为健康产品生产和健康服务两大门类。在健康产品方面，主要是医药产业和保健品产业，提供健康相关产品，如药品、医疗设备、医疗器械、保健品等。在健康服务方面，主要是医疗服务、健康保险和健康管理，这三大行业构成了健康服务业的主体，主要提供专科治疗、社区全科医疗、健康保险、康复护理、健康体检、健康评估、健康促进、疾病预防、养生、就医通道、医疗监督等各种形式的健康相关服务。在国家发布的不同政策文件中，对健康服务业的界定也略有差异。《国务院关于促进健康服务业发展的若干意见》（以下简称《意见》）指出，健康服务业以维护和促进人民群众身心健康为目标，主要包括医疗服务、健康管理与促进、健康保险以及相关服务，涉及药品、医疗器械、保健用品、保健食品、健身产品等支撑产业。而在《"健康中国2030"规划纲要》第三篇"优化健康服务"中主要提及了四大类健康服务：①公共卫生服务；②医疗服务；③中医药养生保健服务；④针对妇幼、老年人、残疾人的重点人群健康服务。

可以看出，对健康服务业的概念分歧主要体现在以下几个方面：一是医药、医疗器械、保健品等健康相关产品生产是否纳入健康服务业范围。从《意见》文件相关界定来看，医药、医疗器械、保健品等健康相关产品生产应属于健康服务的"支撑产业"。笔者也认为，健康服务业本质上是服务业，而医药、医疗器械的生产属于制造业范围，因此不适合纳入健康服务业范围。二是健康保险是否应纳入健康服务业。笔者认为，保险业属于金融业的范畴，而金融业是一种现代服务业，因此广义上健康保险可以归为健康服务业范畴。但是从狭义上看，健康保险虽然也是服务业，但本质上属于健康保障范畴，与直接提供健康服务的狭义健康服务业还是有所区别。三是健康养老是否应纳入健康服务业。《意见》将"加快发展健康养老服务"作为"大力发展医疗服务"之后的发展健康服务业的第二项主要任务，可见健康养老是健康服务业的一个重要组成部分。《"健康中国2030"规划纲要》也将针对老年人的健康服务作为"优化健康服务"的重要内容，实际上也认可健康养老属于健康服务业范畴。宋依岑（2020）认为，中国大健康产业由医疗、医药、保健品、健康管理服务、健康养老五个主要细分产业构成，认为应将健康养老纳入大健康产业特别是健康服务业。笔者认为，养老服务业正在从为老年人提供日常生活照料服务向医养结合型的健康养老服务转变，而健康养老的宗旨是维持和促进老年人健康水平，提高老年人的生活质量和生存质量，从这一角度看，健康养老适宜纳入健康服务业范围。总之，随着社会的发展，健康服务业的范围也在不断变动之中。综合上述分析，本书将健康服务业的范围界定为医疗服务、健康管理服务以及医养结合型健康养老服务三大板块。

从医疗服务需求与供给的关系来看，与人民群众日益增长的医疗服务需求相比，我国医疗服务供给不足状况比较突出，其原因主要在于长期以来我国的医疗服务主要由政府财政支出的公立医院提供，而随着医疗服务需求的逐年增长，公立医院提供的医疗服务已不能满足社会需求，公立医院医疗资源紧张状况一直没有得到缓解。从图1-2可以看出，2015～2020年我国医院病床使用率虽然有所递减，但始终保持在70%以上，其中政府办的公立医院病床使用率更高。随着公众医疗服务需求的激增，单纯依赖政府财力已很难满足日益增长的社会医疗服务需求。近年来，承担最主要医疗任务的三级医院病床使用率保持在90%以上，医生人均每天负担诊疗人次7.0次，基本属于满负荷甚至超负荷运转的状态。大医院人满为患一直是我国"看病难"难题的典型现象。

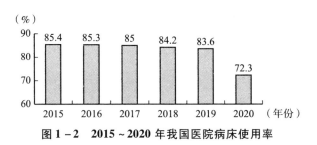

图1－2 2015～2020年我国医院病床使用率

资料来源：根据国家统计局相关资料整理。

在公立医院不可能大规模增加的形势下，社会办医就成为进一步增加医疗服务供给的重要途径。近年来，作为社会办医主体的民营医院等社会办医机构得到显著发展，2018年末全国民营医院20977个，数量上已经超过公立医院。但民营医院在发展过程中也正出现了不少问题，如信誉度差、技术水平不高、人才储备困难、管理不规范、经营可持续性差、诊疗服务量不足、资金链易断裂等。造成这些问题的一个主要原因，主要是目前不少民营医院由个人或家族资本兴办，缺乏足够的财务支持和经营管理能力。在此背景下，商业保险公司通过自建、控股、参股、战略合作等方式投资经营实体医疗机构，不仅有利于解决民营医院的上述发展难题，也是缓解医疗服务需求与供给不足矛盾的一个有效途径。

从健康管理需求与供给的关系来看，我国在经济快速增长的同时，也迎来了慢性病的高发展期，慢性病发病率迅速上升，并呈年轻化趋势。居民健康知识知晓率偏低，吸烟、过量饮酒、缺乏锻炼、不合理膳食等不健康的生活方式比较普遍，由此引起的疾病问题日益突出。国家卫健委相关统计数据显示，心脑血管疾病、癌症、慢性呼吸系统疾病、糖尿病等慢性非传染性疾病导致的死亡人数占我国总死亡人数的86.66%，导致的疾病负担占总疾病负担比例近70%。居民的生产生活方式和疾病谱的变化导致健康管理服务需求不断增长。健康管理是对个人或人群的健康危险因素进行全面管理的过程，其宗旨是调动个人和集体的积极性，有效利用有限的资源达到最大的健康效果。健康管理以预防和控制疾病发生，降低医疗费用，提高生命质量为目的，针对个体及群体进行健康教育，提高自我管理意识和水平，并对其生活方式相关的健康危险因素，通过健康信息采集、健康检测、健康评估、个性化监看管理方案、健康干预等手段持续加以改善。美国密西根大学艾丁顿（Edington. W）博士总结美国多年健康管理实践，提出一个所谓"10%～90%定律"：通过健康管理，90%的个人和企业的医疗费用可降到原来的10%。这一规律有时也称为"艾丁顿定律"。相关研究表明，在美国每投入1美元进行人群的健康管理，可以产生8美元的收益（巢健茜、蔡瑞雪，2019）。我国的健康管理服务业起始于商业健康体检，先后产生了慈铭体检、爱康国宾等大型连锁商业健康体检企业。随着互联网医疗的发展，互联网健康管理迅速兴起，健康管理也由健康体检扩展到健康培训教育、健康评估、健康咨询、健康干预等领域，并产生了微医、平安好医生、春雨好医生、好大夫在线等互联网健康管理平台企业。虽然近年来健康管理服务业发展较快，但与公众日益增长的健康管理需求相比，健康管理服务的有效供给仍然不足，表现为多个方面。其一，健康管理的服务对象仍集中于收入较高的人群，广大中低收入群体接受专业化健康管理服务的比例偏低。其二，健康管理服务仍集中在每年一次的健康体检上，个性化、日常化的健康监督、健康促进等健康管理服务尚没有广泛普及。其三，健康管理师的专业能力与实际需求不匹配。其四，健康管理与健康保险、诊疗服务等产业链相关环节整合不够充分。其五，互联网健康管理平台受众面还比较狭窄。大多数平台的受众面仍集中在疾病人群中，尚未实现向更多不同健康状况的人群提供不同的健康服务。其六，健康管理师培训体系尚不完善，缺乏既懂医学、健康管理，又懂互联网的复合型网上健康管理服务人才。

从健康养老需求与供给的关系来看，随着生活水平的提高，人均预期寿命也在持续提高，人口结构发生重大变化，老龄化趋势日益严重①（见图 1 - 3）。对于老年人而言，其消费的重心也转向养老、医疗等健康相关需求。据相关学者分析预测，我国 65 岁以上老年人的人口占比将由 2000 年 6.96%、2020 年 13.5%，上升到 2040 年 21.96%、2050 年 23.07%。其中 2020 ~ 2040 年将提升 8.46 个百分点，年均提升 0.423 个百分点，成为老龄化增速最快历史时期（田雪原，2007）。同时，退休人口增长加速也将形成前所未有的压力。联合国测算数据显示，2055 年我国 60 岁以上老龄人口将达到峰值，为 5.07 亿人。届时我国人口总数预计为 13.2 亿人，60 岁以上老龄人口占比将达到 38.5%（石晨曦，2018）。

在少子化、老龄化加剧趋势下，我国老年抚养比也呈现逐年攀升的态势（如图 1 - 4），劳动人口的赡养压力不断增大。根据国家统计局、中国社科院世界社保研究中心数据库统计显示，2020 年老年抚养

---

①　进入老龄化社会的标准是一个国家或地区 60 岁以上老人达到总人口 10% 或 65 岁以上老人占总人口 7%。

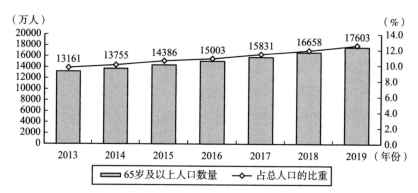

图 1 - 3 2013～2019 年我国 65 岁及以上人口数量

资料来源:《2020—2025 年中国养老保险行业市场调查研究及未来发展趋势报告》,华经产业研究院,2019 年 12 月。

图 1 - 4 2013～2019 年我国老年人抚养比

资料来源:《2020—2025 年中国养老保险行业市场调查研究及未来发展趋势报告》,华经产业研究院,2019 年 12 月。

比(65 岁及以上人口占 15～64 岁人口的比重)大约为 17%,但到 2050 年,预计老年抚养比将达到 43.6%,老年抚养比例的持续上升,对养老服务业构成巨大挑战。

在我国,由于曾长期实行计划生育政策,导致家庭结构不断小型化,据《2020 年第七次全国人口普查主要数据》显示,2010～2020 年,户均人口从 3.10 人减少为 2.62 人,人户分离人口增长 88.52%,

流动人口增长 69.73%，家庭养老功能趋于弱化，传统的居家养老模式难以为继，社会化养老是养老服务的必然发展趋势。但社会化养老一直存在供给错位问题，主要表现为两个方面：首先是公立养老机构与民营养老机构的供给错位问题。一方面，公立养老服务机构由于其优质的服务和低收费条件常常陷入"一床难求"的困境；另一方面，一些服务条件较好的大型民营养老机构收费标准较高，只有经济条件好的老人才能承担得起，入住率不足现象比较普遍。其次是健康老年人养老服务供给与失能老年人养老服务供给错位问题，许多养老机构提供的养老服务都是针对健康老年人的，而这部分老年人对机构养老服务的需求并不强烈。反之，大量失能老年人急需的医养结合服务特别是长期护理型医养结合服务却相对短缺。总之，人口老龄化对我国现行养老服务和医疗服务体系构成巨大压力。在当前我国医疗卫生资源紧张、养老服务供需不平衡的情况下，如何整合医疗资源和养老资源，优化资源配置效率，构建既能满足不同层次老年人的养老和医疗需求、又与社会承担能力相适应的养老服务体系是一个具有重大战略意义的课题。从解决途径上看，积极鼓励社会资本投资经营养老服务业是解决养老难问题的一个重要途径，保险资本作为与医疗、养老产业关联密切的金融资本可以在发展健康养老服务方面发挥重要作用。

1.2 "健康中国"战略以及金融支持实体
经济发展的政策支持

鼓励商业保险业积极进军医疗、健康管理、健康养老等健康服务业，促进"保险 + 健康服务"商业模式创新具有重要的现实意义：一是有利于补足健康服务业供给不足的短板，推进健康服务业供给侧结构性改革。长期以来，在我国，医疗、养老等健康相关服务主要是由国家以公共产品的形式提供，如公立医院提供的医疗服务，政府办养老院、福利院提供的养老服务等。但随着社会公众健康服务需求快速增长以及人口老龄化趋势的加剧，单纯依赖公共财政提供健康服务的方式已不能满足日益增长的健康与养老需求，因此需要创新健康服务供给模式，推进健康服务业供给侧结构性改革，通过扩大健康服务的市场化供给，满足社会公众日益增长的健康与养老服务需求，而"保险＋健康服务"商业模式正是扩大健康服务市场化供给的重要途径。二是有利于提高社会公众的健康水平。各种"保险＋健康服务"商业模式不仅为消费者提供了更为多样化的医疗服务选择方式，而且通过市场化的方式使"治未病"的健康管理理念从概念走向人们的日常生活，对提高全体人民健康水平发挥了切实的作用。三是有利于促进健康保障与健康服务的相互融合。保险业以往只提供健康保障，不涉及健康服务的供给。通过"保险＋健康服务"商业模式创新，健康保障与健康服务相互融合，不仅使健康服务业的发展获得更多资本的支持，而且也有利于解决健康保险业长期存在的一些发展难题。正是由于具有上述重要的发展价值，"保险＋健康服务"商业模式得到了"健康中国"战略以及金融服务实体经济等国家政策的大力支持。

为了提高全民健康水平，近年来党和国家提出了一系列主要战略部署和相关政策，如表1-1所示。2016年10月，中共中央、国务院印发《"健康中国2030"规划纲要》，明确提出"健康中国"战略，指出："推进健康中国建设，是全面建成小康社会、基本实现社会主义现代化的重要基础，是全面提升中华民族健康素质、实现人民健康与经济社会协调发展的国家战略，是积极参与全球健康治理、履行

2030 年可持续发展议程国际承诺的重大举措。"2017 年 10 月，中共十九大做出了实施健康中国战略的重大决策，充分体现了以人民为中心的发展理念。2019 年 6 月，国务院发布《国务院关于实施健康中国行动的意见》，提出"加快推动从以治病为中心转变为以人民健康为中心，动员全社会落实预防为主方针，实施健康中国行动，提高全民健康水平"。2019 年 7 月，国务院健康中国行动推进委员会制订《健康中国行动（2019—2030 年）》，围绕疾病预防和健康促进两大核心，提出将开展 15 个重大专项行动，促进以治病为中心向以人民健康为中心转变，努力使群众不生病、少生病。

表 1 - 1　　支持发展"保险 + 健康服务"商业模式的相关政策

序号	发布年份	文件名称	相关政策内容
1	2013	《国务院关于促进健康服务业发展的若干意见》	建立商业保险公司与医疗、体检、护理等机构合作的机制
2	2014	《国务院办公厅关于加快发展商业健康保险的若干意见》	鼓励商业保险机构以出资新建等方式新办医疗、社区养老、健康体检等服务机构，承接商业保险有关服务
3	2016	《金融支持养老服务业加快发展指导意见》	发挥保险资金长期投资优势，以投资新建、参股、并购、租赁、托管等方式，兴办养老社区和养老服务机构
4	2016	《"健康中国 2030"规划纲要》	鼓励社会力量兴办医养结合机构；促进商业保险公司与医疗、体检、护理等机构合作，发展健康管理组织等新型组织形式
5	2017	《关于保险业支持实体经济发展的指导意见》	支持保险资金参与医疗、养老和健康产业投资，支持保险资金以投资新建、参股、并购等方式兴办养老社区，增加社会养老资源供给，促进保险业和养老产业共同发展

序号	发布年份	文件名称	相关政策内容
6	2019	《促进健康产业高质量发展行动纲要（2019—2022年）》	促进健康保险与健康服务融合。支持健康保险公司开展管理式医疗试点，建立覆盖健康保险、健康管理、医疗服务、长期照护等服务链条的健康管理组织，推动服务模式变革
7	2019	《健康保险管理办法》	保险公司可以将健康保险产品与健康管理服务相结合，提供健康风险评估和干预，提供疾病预防、健康体检、健康咨询、健康维护、慢性病管理、养生保健等服务
8	2019	《关于促进社会办医持续健康规范发展的意见》	鼓励商业保险机构投资社会办医

资料来源：笔者根据相关资料整理。

　　积极推进金融业"脱虚向实"支持实体经济发展，是供给侧结构性改革的重要战略部署。2017年7月，第五次全国金融工作会议将"金融要为实体经济服务"列为做好金融工作的五项原则之首；党的十九大报告进一步强调要"深化金融体制改革，增强金融服务实体经济能力"。2019年2月22日习近平总书记在中共中央政治局第十三次集体学习时强调，金融要为实体经济服务，满足经济社会发展和人民群众需要[①]。商业保险是金融业的一大支柱产业，也是健康保障和养老保障的重要供给者，与医疗、健康管理、健康养老等健康服务业有着密切的产业链联系。商业保险业跨界投资经营医疗服务、健康管理服务、医养结合型养老服务等健康服务业项目，不断创新形成的各种

---

　　① 习近平：深化金融供给侧结构性改革　增强金融服务实体经济能力［N］. 人民日报. 2019－2－24.

"保险 + 健康服务"商业模式，是保险业支持健康服务业实体经济发展的重要途径。

1.3　商业保险业发展战略的转型

保险是指投保人根据合同约定，向保险人支付保险费，保险人对于合同约定的可能发生的事故因其发生所造成的财产损失承担赔偿保险金责任，或者被保险人死亡、伤残、疾病，或者达到合同约定的年龄、期限等条件时承担给付保险金责任的经济行为。在我国，一般按照保险的对象和保险的强制程度两种标准对保险品种进行分类。如表 1 – 2 所示。"保险 + 健康服务"商业模式中的"保险"主要是指商业健康保险和商业养老保险，在本书中，我们有时会将二者统称为"商业康养类保险"。

表 1 – 2　　　　　　　　　　保险的分类

分类标准		保险类型	
按照保险对象	财产保险	财产损失险、责任保险、信用保证保险	
	人身保险	人寿保险	生存保险（如养老保险）、死亡保险、两全保险
		健康保险	医疗保险、疾病保险、失能收入损失保险、护理保险、医疗意外保险
		人身意外保险	
按照保险强制程度	社会保险	社会医疗保险、社会养老保险、失业保险、工伤保险和生育保险	
	商业保险	商业健康保险、商业养老保险等	

近年来，随着人民群众健康保障和养老保障需求的不断增长，我

国商业康养类保险获得发展较快，商业健康保险和商业养老保险分别成为健康保险和养老保险的"第三支柱"。

从商业健康保险的发展状况看，商业健康保险日益发展成为"健康保险第三支柱"。2005 年 4 月，中国人保联合德国 DKV 健康保险公司成立我国第一家专业健康保险公司——中国人民健康保险股份有限公司，标志着我国商业健康保险正式启航。2006 年 8 月，中国保监会出台了国内第一部规范健康保险的部门规章——《健康保险管理办法》。2014 年 11 月，国务院办公厅发布《关于加快发展商业健康保险的若干意见》（国办发〔2014〕50 号），提出"充分发挥商业健康保险在满足多样化健康保障和服务方面的功能，建设符合国情、结构合理、高效运行的多层次医疗保障体系。"首次对商业健康保险的地位进行了阐述。随着"健康中国"上升为国家战略，积极健全以基本医疗保障为主体、其他多种形式的补充保险和商业健康保险为补充的多层次医疗保障体系成为我国健康保障体系的发展方向。同时，伴随着近年来我国医疗体系改革持续深化，商业健康保险迎来新的历史发展机遇。商业健康保险已成为我国多层次医疗保障体系中的重要组成部分，商业健康保险进入快速成长期。到 2017 年，开展商业健康保险业务的公司达 149 家，其中专业健康保险公司有 7 家。如图 1 - 5 所示，2015～2020 年，商业健康保险保费收入年均增长率近 30%，健康保险在总保费中所占的比重由 9.9% 提高到 18% 以上，将近翻了一番（朱铭来，王本科，2021）。

目前，我国已基本建成以城镇职工基本医疗保险、城镇居民基本医疗保险、新型农村合作医疗为主体，医疗救助制度为托底，公务员补助或公费医疗、企业补充保险、特殊人群保险、商业健康保险为补充的多层次医疗保障体系。商业健康保险正在发展成为公共医疗保险、

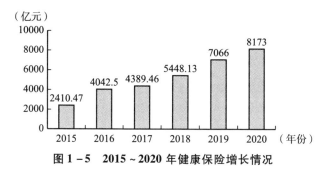

图 1-5 2015～2020 年健康保险增长情况

资料来源：根据国家统计局、中国银行保险监督管理委员会相关统计资料整理。

社会医疗救助之外的我国健康保险的"第三支柱"。健康保险快速增长的同时，我国居民人均医疗保险支出也迅速上升，由 2013 年的 912 元增至 2019 年的 1902 元，6 年间增长了 1.09 倍。2013～2019 年我国商业健康保险赔付支出年均增速 30% 以上，2019 年赔付支出为 2351 亿元，同比增加 34.8%。巨大的赔付支出为后端相关服务市场带来了潜在的巨大商机。与全球主要国家近几年医疗卫生支出情况相比，中国个人医疗支出比例最高，商业健康保险市场发展空间巨大，商业健康保险蓝海市场特征明显，有望成为商业保险中增长最快、最具前景的业务板块。人口老龄化趋势、医保制度改革、保险科技创新持续推动我国健康保险业快速发展，健康险将与寿险、财险三分天下成鼎足之势（宋艳霞，2020）。

从商业养老保险发展状况来看，商业养老保险日益发展成为"养老保障第三支柱"。商业养老保险是为了解决个人和家庭在养老风险保障、投资理财等方面的需求而开发的产品，是为了预防被保险人因寿命过长而可能丧失收入来源或耗尽积蓄而进行的经济储备。中国人均寿命延长、生育率下降导致人口老龄化，由此产生了巨大的养老保障需求。1991 年，《国务院关于企业职工养老保险制度改革的决定》

提出"逐步建立起基本养老保险与企业补充养老保险和职工个人储蓄性养老保险相结合的制度"。首次提出了养老保障的"三大支柱"概念。其中，第一支柱为基本养老保险，是由国家主导的基本养老保险制度，包括城镇职工基本养老保险和城乡居民基本养老保险。第二支柱为补充养老保险，是由企业和个人主导的职业养老金制度，包括企业年金和职业年金。第三支柱为个人商业养老保险。

在养老保障三大支柱中，第一支柱基本养老保险基金快速增长。根据中国保险资产管理业协会年度调研数据，截至 2020 年末，有 10 家保险机构通过账户及产品形式管理基本养老金超过 2100 亿元，比 2019 年增长 44%。第二支柱企业年金领域，保险机构一直占据市场主导地位。根据人社部 2020 年度全国企业年金基金业务数据，8 家保险机构合计管理企业年金基金组合 2885 个，占比 65%；投资规模近 1.2 万亿元，市场份额占比 55%。截至 2020 年末，12 家机构（包括保险资产管理公司、养老保险公司和其他经营保险资产管理业务的机构）通过账户及产品形式，管理职业年金资产规模超过 5000 亿元，相较于 2019 年同期增长 1.8 倍，在职业年金运作中发挥着积极的作用。

与第一支柱基本养老保险基金和第二支柱企业年金相比，第三支柱商业养老保险具有鲜明的商业性，由商业保险机构经营，受银保监会监督管理，以养老风险保障、养老金管理和养老金融服务等为主要内容。商业养老保险市场化程度高、参保门槛低、产品设计灵活，不仅能够为基本养老保险基金"补缺口"，使基本养老保险专注于"保基本"目标，缓解基本养老保险支付压力，而且能够为企业年金"补短板"，使更多居民可以享受养老保险保障，满足居民个性化的养老规划需求。在我国，第三支柱个人养老金账户制度起步较晚，2017

年，国务院办公厅发布《关于加快发展商业养老保险的若干意见》，明确鼓励发展商业养老保险。2014 年 7 月，北京、上海、广州、武汉四个城市进行住房反向抵押养老保险（即"以房养老"）试点，这是我国较早尝试的具有商业保险特点的综合性创新型养老金融产品。它将"住房抵押"与"终身养老年金保险"结合起来，属于高端小众保险产品，市场推广度比较低。2016 年 6 月，我国开始进行长期护理保险试点，一些商业健康保险公司推出了若干商业护理保险产品，如中国人保健康推出的"全无忧长期护理个人健康保险"，生命人寿保险公司推出的"至康长期护理健康保险"等。长期护理需求的主要消费者是老年人，因此商业护理保险也可视为一种特殊的商业养老保险。但由于产品设计简单、费率较高以及护理标准体系不健全等原因，商业护理保险市场规模一直增长缓慢（董捷，2021）。2018 年 5 月，个人税收递延型商业养老保险在上海市、福建、苏州等地试点实施，标志着我国第三支柱个人养老金制度正式起步。2021 年 6 月，浙江省和重庆市开展专属商业养老保险试点，共 6 家商业保险公司参与试点。专属商业养老保险是针对新产业、新业态从业人员和各种灵活就业人员等特定人群，以养老保障为目的，领取年龄在 60 岁及以上的养老年金保险产品。截至 2020 年末，我国商业养老保险保费收入 712 亿元，保险责任准备金为 5800 亿元。据银保监会数据统计，截至 2019 年 8 月，中国人寿、太平洋寿险、新华保险、泰康人寿、太平人寿、人保寿险等 6 家公司在售的可供 60 岁及以上老年人群投保的保险产品合计超过 600 款，为老年人的养老、医疗、意外、健康等风险提供了全方位的保障。

虽然我国商业健康保险已拥有了一定的产业规模，商业养老保险业也开始步入发展的快车道，但无论是商业健康保险还是商业养老保险，其发展模式都不够成熟，我国商业康养类保险在发展过程中还面临着诸多挑战。

（1）商业健康保险面临的主要问题

首先，商业健康保险的健康保障功能还没有得到充分发挥。尽管健康保险的保费占卫生总费用的比重和健康保险赔付支出占个人卫生支出的比重增速较快（见图1-6），2019年分别达到10.73%和12.59%，但其绝对占比仍然很低，在多层次医疗保障体系中的作用发挥不够充分（朱铭来，王本科，2021）。中国保险行业协会《2018中国商业健康保险发展指数报告》显示，全国大中城市健康险市场的渗透率仅为9.1%，产品价格高、缺乏可靠信息来源、产品复杂等因素是影响居民购买商业健康保险的主要决策障碍。商业健康保险经过近20年的高速增长，原有的"拉人头""保费搬家"、短期激励等粗放经营方式已面临瓶颈，需要积极转型。

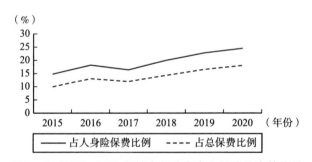

图1-6　2015～2020年健康保险在商业保险业中的比重

资料来源：根据国家统计局、中国银行保险监督管理委员会相关统计资料整理。

保险密度与保险深度是反映保险业发展水平的两个基本指标。保险密度是指某地常住人口平均保险费的数额，反映了该地保险业务的发展程度和人们保险意识的强弱，保险深度是指某地保费收入占该地国内生产总值（GDP）之比，反映了该地保险业在整个国民经济中的地位。从保险密度上看，见图 1 - 7 所示，2015 ~ 2020 年我国商业健康保险的保险密度从 175.4 元/人增加到 575.6 元/人，五年间增长了2.28 倍，但 2017 年全球商业健康保险的保险密度平均水平就已达4394.1 元/人。从保险深度看，见图 1 - 8 所示，2015 ~ 2020 年我国商业健康保险的保险深度从 0.36% 上升到 0.8%，上升速度非常显著，但2017 年全球商业健康保险的保险深度平均水平已达 6.13%（尚鹏辉，2019）。总之，无论是从保险密度还是从保险深度上看，我国商业健康保险都发展得不够充分，与我国经济社会发展水平不相适应，在健康

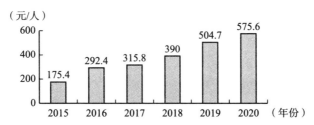

图 1 - 7　2015 ~ 2020 年我国商业健康保险的保险密度

资料来源：根据国家统计局、中国银行保险监督管理委员会相关统计资料整理。

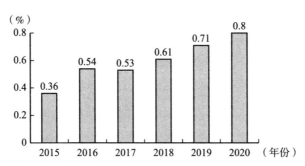

图 1 - 8　2015 ~ 2020 年我国商业健康保险的保险深度

资料来源：根据国家统计局、中国银行保险监督管理委员会相关统计资料整理。

保障中的重要补充作用还远没有得到足够发挥，在发展健康服务业，满足日益增长的人民群众的健康保障需求和健康服务需求方面的积极作用还没有充分体现出来。

其次，商业健康保险供求不平衡的矛盾依然突出。从需求方面看，随着人口老龄化趋势的加剧、中等收入群体的不断壮大、慢性病"亚健康"人群的不断扩大、社会公众的医疗保健消费支出显现长期快速增长趋势，健康保障越来越成为社会公众的刚性需求。与此同时，商业健康保险的有效供给能力与快速增长的健康保障需求还存在较大差距，适合市场需求的商业健康保险品种还不丰富，特别是针对老年人和慢性病患者的保障产品明显不足。

再次，产品同质化严重，险种结构重疾险一险独大，失能收入损失保险和护理保险缺乏，产品结构失衡。商业健康保险产品一般包括医疗保险、重疾保险、失能收入损失保险、长期护理保险四类主要险种（黄薇、张岚等，2021）。目前商业健康保险产品结构性矛盾突出，疾病保险产品占商业健康保险产品比例超过50%，医疗保险也超过40%，而护理保险和失能保险刚刚起步，仅占3%左右。消费者对健康预防、慢性病管理、就医服务、长期照护等多样化、个性化的保障需求尚未得到满足。

重疾险占商业健康保险保费构成的2/3。处于一险独大的局面。重疾险一险独大的主要原因包括：①我国商业健康保险与医疗生态相对松散的产业链联系。医疗费用补偿保险需要与医疗生态紧密结合，在医疗费用审核以及对医疗机构的风险管理方面难度较大。而重疾险则以诊断为触发机制给付受益人固定金额，相对独立于医疗生态，管理难度低。②我国商业健康保险产品设计仍沿用人身保险的开发设计思路，专业化水平不高。③缺乏本国的疾病发病率和医疗服务费用水平等基础数据，加大了产品设计难度，产品同质化严重，不同公司设计的同类险种产品在保险责任、附加服务方面差异不大，这与产品创新开发成本较高、缺乏健康险专业精算师也有较大关系（阙川棋，2019）。重疾险一险独大的现象表明，商业保险公司与大医院的谈判能力较弱，缺乏可以影响医疗行为和医药费用的深层次纵向合作和控制机制，商业医疗保险和医疗服务在产业链关系上比较松散。此外，面向未成年人、老年人的专属健康保险产品少，缺少根据投保人身体状况、风险特征等量身订制的定制化产品。重疾险一险独大导致商业健康保险的同质化竞争激烈，不仅削弱了保险公司的盈利能力，也难以满足居民不同层次的健康保险需求。

最后，商业健康保险产业生态尚不完善，专业化经营水平较低。商业健康保险近年来虽然保费规模实现了持续高速增长，但从产业生态角度看，商业健康保险与医疗机构、药品供应、健康概论、长期照护、养老等健康保险产业链其他环节之间的纽带联系仍比较松散，健康保障与健康服务充分融合的健康保险生态圈尚未形成。由于产业生态比较薄弱，导致商业健康保险服务形式单一，大部分商业保险公司的健康保险服务的形式只是在发生就诊行为后赔付，很少涉及健康服务方面的业务，或者只包含了一般性服务项目，如链接各地挂号平台等，但含金量不高，健康管理服务还没有发挥出应有作用。从运营管理看，保险业尚需构建起与基本医疗保险紧密衔接，包括产品、赔付目录、服务和风控体系在内的一整套专业化运营体系。商业保险公司与医院、社会保险机构的数据信息共享机制还不够健全，"信息孤岛"现象比较普遍，健康保险产品开发与定价、健康风险识别、评估与管控等技术创新存在层层障碍，整个商业健康保险行业经营方式较粗放，没有达到高质量发展的要求。

（2）商业养老保险面临的主要问题

近年来，我国商业养老保险虽然发展较快，但与发达国家相比，我国商业养老保险还处于起步期，养老保障第三支柱主要依靠商业养老保险等金融产品，尚未形成保险、基金、信托、理财相互补充的发展格局。

首先，商业养老保险起步晚，市场参保率远低于基本养老保险，其次作为养老保险第三支柱的作用尚未充分体现出来。其次，商业养老保险产品设计存在较多缺陷，如合同条款过于复杂、收益率低、形式单一，缺乏创新性等（中国财政学会招标课题"应对人口老龄化财政政策研究"课题组，2021）。最后，商业养老保险产品与养老服务耦合度较低。《2020 年第七次全国人口普查主要数据》显示，我国 60 岁及以上人口为 26402 万人，占 18.70%。其中，65 岁及以上人口为 19064 万人，占 13.50%。与 2010 年相比，60 岁及以上人口的比重上升 5.44 个百分点。据预测，"十四五"期间我国养老金缺口将达 8 万亿~10 万亿元，单靠第一支柱（基本养老）支撑，国家面临的养老金压力巨大。同时，第二支柱（企业年金、职业年金等单位补充养老保险）覆盖面比较窄、资金积累规模有限，只能满足小部分人群养老需求。在当前多层次养老保障体系发展不均衡的状况下，需要加快发展和完善第三支柱（个人储蓄性养老保险和商业养老保险），而专属商业养老保险则是重要的养老保险产品创新。随着人民群众生活水平的持续提高，公众对医疗、健康管理、健康养老服务的需求日益迫切，商业保险客户已不再满足于单一的保险产品，更希望获得涵盖医疗服务、慢性病管理、老年护理等服务项目的一体化解决方案。从产品到服务的转型已成为大趋势。

总之，我国商业健康保险经过 10 多年的快速发展，目前面临发展的"瓶颈期",传统的粗放式发展模式已难以为继,面临发展战略的转型。商业养老保险刚刚起步,人们的认同度还比较低,在社会养老保障体系中的定位还不够准确,行业发展战略还比较模糊。随着"健康中国"战略的实施、健康老龄化理念的普及、人民群众健康保障、养老保障需求和健康服务需求的不断升级,以及科技赋能保险等因素综合作用下,包括商业健康保险和商业养老保险在内的商业康养类保险都面临着重大的发展战略转型。

商业康养类保险战略转型的一个主要聚焦点就是如何改变单纯的健康保障与养老保障补充提供者的战略定位,向"健康与养老保障 + 健康服务"产业生态圈的整合者转换。为此,需要从以下几个途径进行持续的商业模式创新:一是从被动管理向主动干预转变。商业健康保险要从以往被动等待客户提出理赔需求的经营模式升级事前主动的健康管理、积极干预的主动模式。通过主动干预客户健康行为,一方面为客户提供高质量健康管理服务,提升商业健康保险的商业价值,另一方面有利于减少客户购买商业健康保险后可能产生的忽视健康的道德风险,降低客户患病率,进而也有利于减少商业健康保险赔付率。二是整合健康服务产业链,主动拓展医疗服务、健康管理、医养结合型健康养老等健康服务领域,形成丰富多样的"保险 + 健康服务"商业模式创新,整合包含商业保险、健康管理、医疗服务、医养结合服务在内的整个健康服务产业链,为客户提供全生命周期的健康服务与养老服务,使商业保险公司向客户的资产管理专家、私人医生、养老管家"三位一体"的服务角色转化。

未来,传统的商业健康保险市场的商业逻辑将会被颠覆。传统以产品开发、销售、核保、理赔为核心的流程越来越受到巨大的挑战;预防性健康保险产品在商业健康保险市场中的份额将急剧上升,甚至成为主流的商业健康保险产品；随着老龄化趋势的加剧，长期护理保险将成为社会公众的刚性需求；商业保险将更深入地参与到医疗服务供应链；健康保险公司的业务组合将更为细分，也更为专业化；对医疗数据的信息化管理将成为健康险公司成长发展的关键成功因素；同时提供健康保障与健康服务的商业保险模式将成为行业持续发展的基础。从竞争角度看，今后包括商业健康保险、商业养老保险在内的人身保险业的竞争，不仅是保险业务的竞争，更是围绕"保险＋医疗＋健康管理＋康复护理＋健康养老"大健康生态圈的竞争。商业保险公司不再是仅仅为医疗服务、养老服务买单，还需要基于其支付方的保障功能，成为消费者健康管理与养老服务的系统提供者，在提供传统风险转移服务的同时，进一步承担起整合医疗、健康管理、养老等健康服务资源的产业功能，从健康保险产品、保险资金和金融科技等入手，积极拓展和整合"保险＋健康服务"产业链，积极成为社会办医、健康管理服务、养老服务市场化供给的生力军。推动建立覆盖生命周期各阶段、健康管理全过程的大健康生态圈将成为商业康养类保险战略转型的主要方向，从而进一步推进商业保险业战略转型和健康服务业供给侧结构性改革，实现商业保险业与健康服务业的融合发展。

参考文献：

［1］巢健茜，蔡瑞雪．健康中国背景下健康管理在社会医疗保险中的应用［J］．山东大学学报（医学版），2019（8）．

［2］陈亚光．我国健康服务业经营模式创新研究［M］．北京：经济管理出版社，2015．

［3］董捷．我国商业养老保险参与养老产业发展：价值、路径与再思考［J］．西南民族大学学报（人文社会科学版），2021（10）．

［4］国务院第七次全国人口普查领导小组办公室编.2020年第七次全国人口普查主要数据［M］.北京：中国统计出版社，2021.

［5］黄薇，张岚等.新形势下商业健康保险产品开发思路与策略［J］.卫生经济研究，2021（2）.

［6］阙川棋.供给侧改革背景下我国商业健康险产品创新困境研究［J］.现代营销（经营版），2019（9）.

［7］尚鹏辉.制约我国商业健康保险高质量发展的突出问题——基于健康保险从业者深入访谈结果［J］.金融理论与实践，2019（8）.

［8］石晨曦.个人税收递延型商业养老保险的经济效应——基于一般均衡模型的研究［J］.江西财经大学学报，2018（6）.

［9］宋艳霞.健康保险发展成效与展望［J］.中国金融，2020（24）.

［10］宋依岑.中国互联网医疗平台商业模式与发展策略分析［J］.现代商贸工业，2019（3）.

［11］田雪原.21世纪中国人口发展战略研究［M］.北京：社会科学文献出版社，2007.

［12］中国财政学会招标课题"应对人口老龄化财政政策研究"课题组.2021年我国商业养老保险市场调研分析［J］.财政科学，2021（8）.

［13］朱铭来，王本科.商业健康保险的"十三五"回顾和"十四五"发展展望［J］.中国保险，2021（5）.

第 2 章

商业模式特征交易模型

保险业与健康服务业融合发展已成为近年来商业保险业战略转型和健康服务业供给侧结构性改革的重要趋势，"保险＋健康服务"商业模式创新愈来愈引起理论界和实务界的广泛重视。但是由于商业模式理论本身尚未形成广泛公认的研究范式，因此对"保险＋健康服务"商业模式一直缺乏合适的研究方法。有鉴于此，本章重点对以往商业模式概念模型进行系统分析，并从中提炼出一个能够全面反映商业模式本质特征的商业模式特征交易模型，以作为分析各种"保险＋健康服务"商业模式的方法论基础。

2.1 "保险＋健康服务"商业模式研究综述

近年来，商业保险业积极跨界投资经营医疗服务、健康管理、健康养老等健康服务业务的现象已引起国内外学者的关注，并从多个角度进行了研究。

国外一些学者从健康经济学角度分析了保险公司纵向整合实体医

疗机构的管理式医疗（Managed Care）模式在管控医疗机构和投保人"过度医疗"的道德风险，降低医疗保险赔付成本的作用（Miller and Luft，1994；Robinson，1993）。虽然管理式医疗是一种典型的"保险＋健康服务"商业模式，但目前相关研究仍集中在管理式医疗如何改变保险支付方式以及控制投保人"道德风险"等方面，尚未将其作为一种保险业跨界经营医疗服务的商业模式进行系统研究，特别是对管理式医疗"价值创造和获取"的商业逻辑缺乏深入的分析和揭示。

国内一些学者试图从产业链角度了探讨保险公司跨界投资经营健康服务业问题。如冯鹏程（2008）认为，健康保险产业链是由健康体检、健康管理、医疗服务、药品供应等多产业组成的健康服务链、价值供应链和利益共享链。周灵灵、孙长青（2017）认为打造一条包括医疗服务、健康体检、药品供应、养老保健和健康管理等在内的健康管理全产业链是发展我国商业健康保险的重要战略。王慧（2009）试图通过建立一个合作稳定度模型分析现有医疗保障体系下健康保险产业链各参与主体的合作机制。刘涛等（2019）从产业链角度分析了协议合作型、股权合作型两种医保合作模式存在的问题和解决对策。健康保险产业链是对商业健康保险业跨界经营的一个重要理论概括，但目前的研究多停留在直观描述阶段，对健康保险产业链内部组织整合机制以及健康保险产业链的盈利机制也缺乏明确的解释。

保险养老社区被普遍认为是保险公司参与养老服务业的一种新型商业模式。欧新煜、赵希男（2013）基于态势分析（SWOT）方法分析了保险公司投资养老社区的竞争优势和投资策略，郭旭利（2013）利用波特五力模型和 SWOT 方法分析了我国养老地产投资现状和保险公司投资养老社区内外竞争环境，任云鹏（2014）利用 SWOT 方法分析了保险公司投资养老社区的建设模式，钟雯（2017）基于 SWOT 方

法分析了保险公司投资养老地产的必要性，权国占（2017）以泰康人
寿为例利用 PEST 分析、SWOT 分析和波特五力竞争模型分析了保险
公司投资养老社区战略的内外部竞争环境等。虽然保险养老社区被广
泛认为是一种保险业的商业模式创新，但目前国内研究者仍多采用
PEST 分析、SWOT 分析、波特五力模型等传统战略分析方法对其进行
研究，从商业模式视角对保险养老社区进行的研究尚比较薄弱，特别
是对其盈利逻辑缺乏清晰的理论解释。

    总之，虽然"保险＋健康服务"商业模式在促进保险业与健康服
务业融合发展，加快健康服务业供给侧结构性改革、实施健康中国战
略等方面日益发挥重要作用，受到学术界的广泛关注，但由于商业模
式理论对商业模式概念本质的认识分歧较大，且尚未形成相对统一的
商业模式研究范式，因此不少研究者不得不过多依赖产业链、SWOT
分析、波特五力模型等传统的战略分析方法研究这一新的商业模式，
虽然取得了一定的学术成果，但在揭示"保险＋健康服务"商业模式
的"价值创造和获取"的价值逻辑方面则显得力不从心。笔者认为，
要想深入揭示各种"保险＋健康服务"商业模式的"价值创造和获
取"的价值逻辑，首先必须以往的商业模式概念模型进行归纳总结，
从中提炼出一种能够全面揭示商业模式概念本质的商业模式理论模
型，并依此构建商业模式的基本分析方法，以此作为方法论基础，才
能系统研究"保险＋健康服务"商业模式的价值逻辑。

2.2　商业模式研究的主要共识

    "商业模式"一词最早出现在 1957 年贝尔曼和克拉克（Bellman

and Clark）发表的论文《论多阶段、多局中人商业博弈的构建》中。1960 年，琼斯（Gardne M. Jones）在其论文《教育者、选民和商业模式：综合问题》（*Educators*，*Electeons*，*and Business Models*：*A Problem in Synthesis*）的题目中也使用了"商业模式"（business model）一词。早期的"商业模式"一词曾大量出现在计算机系统的著作中。在这些著作中，信息条件、计算机技术或计算需求被要求建立在相应的"商业模式"上。至于什么是商业模式，相关文献并没有给出明确的定义（成文等，2014）。随着电子商务和互联网的兴起，研究者们开始用商业模式来描述电子商务的经营方式，尤其是互联网企业的盈利方式。蒂默尔斯（Timmers，1998）首次对商业模式的内涵做了理论界定，并给出了商业模式的定义："关于产品、服务和信息流的构架"。自此，商业模式正式成为管理学的一个新概念。

从理论渊源上看，波特的价值链理论是与商业模式理论最为接近的传统战略管理理论。1985 年，波特在《竞争优势》一书中提出了价值链概念。他认为，每一个企业都是设计、生产、营销、交货以及对产品起辅助作用的各种活动的集合。所有这些活动均可用价值链表示。价值链理论的一个基本观点是：企业所创造的价值实际上来自价值链上某些特定环节的价值活动，这些价值活动会给企业带来一定的竞争优势。虽然波特并未言及商业模式，但他提出的"独特价值组合"可看作是商业模式的雏形。

商业模式源于对互联网电子商务盈利逻辑的研究，但这一概念早已从电子商务扩展到其他行业，成为一个在电子商务、企业战略、市场营销、创新管理等领域得到广泛使用的管理学概念，甚至有学者认为商业模式未来有可能取代战略这一传统概念（张敬伟，王迎军，2011）。尽管商业模式概念在诸多领域得到了广泛应用，但不可否认的是，与传统的战略管理理论相比，商业模式的理论基础依然十分薄弱，主要体现在三个方面：①对于商业模式的本质依然存在较多认识分歧。有学者统计至今已有 100 多种商业模式的定义（王水莲，常联伟，2014），表明人们对商业模式的本质仍然众说纷纭。埃森哲曾就"公司创造和获取价值的核心逻辑是什么"这个问题对 40 家美国公司70 位高管进行访谈，结果发现他们都提到了商业模式，但令人惊讶的是，62% 的受访者在被要求简要描述公司的商业模式时都颇感为难（Linder and Cantrell，2000）。这个有趣的结果表明即使那些天天和商业模式打交道的企业家们也感到商业模式有一种"只可意会不可言传"的意味。②对于商业模式与战略的关系依然模糊不清，这个问题与商业模式的本质问题实际上是一枚硬币的两面。究竟是商业模式从属于战略，还是战略从属于商业模式，抑或二者相互并立，一直说不清道不明。③尚未形成受到广泛实用性的商业模式分析范式。与波特五力模型、SWOT 方法、核心竞争力理论、价值链理论等应用广泛的传统战略分析方法相比，商业模式研究至今没有形成一个简单实用、受到广泛认可的分析范式，这一状况导致商业模式研究常常过多依赖于传统战略分析方法，沦为披着商业模式外衣的传统战略分析。

笔者认为，产生上述商业模式理论困境的一个重要根源在于，学术界对于商业模式的"商业"性质认识比较片面。顾名思义，商业模式是"商业活动"的模式，而所谓"商业活动"一般须具备两个缺一不可的特征：一是营利性，即以获取商业利益为目标。二是交易性，即任何商业活动都通过某种市场交易方式来完成。大多数学者注意到了商业模式的"营利性"商业特征，却相对忽视了商业模式的"交易性"商业特征，因而无法全面把握商业模式的本质。有鉴于此，笔者认为，只有在全面认识商业模式的营利性和交易性两大商业特征

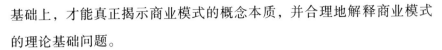

基础上，才能真正揭示商业模式的概念本质，并合理地解释商业模式的理论基础问题。

从商业模式理论的演化过程来看，虽然在商业模式研究领域中至今仍存在诸多理论分歧，但也初步形成了若干共识，大致可以归纳为以下四个方面。

2.2.1　商业模式概念从单一维度的定义向整合类定义演进

多数学者倾向承认，商业模式的概念内涵已从单一维度的盈利模式定义视角转向多维度的整合类定义。莫里斯（Morris，2003）首先对各种商业模式概念进行了归纳分类，提出各种商业模式定义可划分为经济类、运营类、战略类、整合类四种类型。经济类的定义仅仅将商业模式描述为企业的盈利模式，即企业获取利润的逻辑。运营类定义把商业模式描述为企业的运营结构，力图说明企业如何通过内部流程和基本结构设计来创造价值。战略类定义把商业模式描述为对企业战略方向的总体考察。整合类的定义则认为，商业模式旨在说明企业如何对战略方向、运营结构和经济逻辑等方面一系列具有内部关联性的变量进行定位和整合，以便在特定的市场上建立竞争优势。莫里斯（2003）认为应该从整合的视角来认识商业模式概念。莫里斯的观点得到许多学者的认可和进一步发挥。如原磊（2007）指出商业模式概念存在着从经济类定义向运营类、战略类和整合类定义递进的趋势。成文等（2014）将商业模式的各种定义划分为四种类型：基于运营的商业模式、基于盈利的商业模式、基于战略的商业模式和基于系统论的商业模式，并认为基于系统论的商业模式概念是商业模式理论的主流。张敬伟和王迎军（2010）归纳了关于商业模式定义的三种观点：

①商业模式＝经营系统；②商业模式＝经营系统＋盈利模式；③商业模式＝经营系统＋盈利模式＋价值主张。他们认为，第三种观点是主流观点。傅世昌和王惠芬（2011）认为商业模式概念总体上呈现从现象类定义向经济类、运营类、战略类定义再向整合类定义递进的演变过程。

总之，商业模式概念从单一维度的定义向整合类定义演进的趋势已十分明显。而整合类的商业模式概念大多将商业模式视为由价值主张/目标客户、运营系统/价值网络、盈利模式/成本结构、战略方向/核心战略等多个要素构成的系统。

2.2.2　商业模式概念可分为元模式、子模式和具体模式三个层次

研究者们提出了诸多商业模式概念模型。这些模型的主要区别在于对商业模式的构成要素有不同认识。奥斯特瓦德等（Osterwalder et al.，2005）指出，不同的商业模式概念模型在要素构成上之所以存在差异，是因为这些概念模型处于不同的研究层次，对要素提炼的抽象程度不同。理论上，可以按照反映企业经营逻辑的抽象程度将不同类型的商业模式概念划分为元模式、子模式、模式化实例三个层次。其中，元模式（meta-model）类商业模式抽象程度最高，主要确定商业模式的构成要素及要素之间的关系。子模式（sub-model）类商业模式则主要对相似的商业模式进行归类，描述相似商业模式的共同特征。模式化实例（modelled instance）类商业模式主要描述特定企业的共同特征，通过对标杆企业的商业模式归纳与总结而来。目前来看，元模式概念研究在商业模式理论研究处于某种主流地位，基于元模式的商

业模式研究成果也最为丰富（成文、王迎军等，2014）。商业模式"三层次"说对商业模式理论和实证研究具有重要意义，在一定程度上厘清了商业模式研究中存在的概念、理论模型和研究方法上的混乱，促进了商业模式研究的合理分工。

2.2.3　商业模式中贯穿着"价值创造和获取"的价值逻辑

大多数学者承认在商业模式中普遍存在所谓"价值创造和获取"的价值逻辑，价值逻辑作为一条主线贯穿于不同商业模式定义中。原磊（2007）认为，经济类商业模式定义的本质是企业获取利润的逻辑。奥斯特瓦德等（2002）认为，商业模式是一种建立在许多构成要素及其关系之上、用来说明特定企业商业逻辑的概念性工具。林德等（Linder et al.，2000）认为，商业模式是组织商业系统创造价值的逻辑。谢弗（Shafer，2005）认为，商业模式是企业的战略选择，实现企业的价值创造和价值获取，是企业的核心商业逻辑。张敬伟、王迎军（2010）认为，商业模式表达了从价值定义到价值创造和传递再到价值获取的企业经营的完整逻辑。莫里斯等（2003）将商业模式的内涵概括为盈利逻辑（盈利模式）、运营逻辑（运营结构）、战略方向三个逻辑层面。当然，在对商业模式价值逻辑的具体内涵和结构，学者们之间存在认识差异。原磊（2007）认为，商业模式所要提供的价值包括顾客价值、合作伙伴价值和企业价值，而其价值逻辑则由价值主张、价值网络、价值维护、价值实现四个单元构成。随着商业模式价值逻辑研究的进一步深入，一些学者"价值创造"与"价值获取""价值传递"结合起来，试图构建完整的商业模式线性价值逻辑，即从顾客价值主张出发，以顾客为中心开展价值创造和价值传递，最终在实现顾客价值的同时获取企业价值，这也是隐藏在商业模式中的核心价值逻辑（朱明洋，林子华，2015）。

2.2.4 价值主张、经营网络与盈利逻辑构成了商业模式的三个基本要素

尽管不同商业模式概念模型的要素构成差别较大，从阿米特等（Amit et al.，2001）的三要素模型，哈默尔（Hamel，2000）的四构面模型到奥斯特瓦德等（2002）的九要素模型，尽管这些模型的要素构成差别较大，但从元模式视角看，各种模型所涵盖的不同要素广义上几乎或是可以纳入三种最基本的要素范畴——价值主张、经营网络和盈利逻辑，或者可以视为上述三种要素的某种交叉组合。其中：价值主张（value proposition，V）反映了商业模式力图创造的客户价值、企业价值和商业伙伴价值，目标客户、商业机会、战略定位、战略目标、产品和服务、经营宗旨等都可归入价值主张范畴。经营网络（operation network，O）是指为实现价值主张所构建的业务网络及其运作机制，关键资源、渠道模式、业务流程、经营系统、价值链结构、价值传递、组织模式、生产模式、合作网络、网络化能力、核心能力等都可归入经营网络范畴。之所以采用"经营网络"一词而非相似的"经营系统""运营架构"，是因为"经营网络"更能体现商业模式跨界经营的特点。盈利逻辑（profit logic，P）是指商业模式获取利润的逻辑或方式，收入来源、收入模式、利润模式、成本结构、价值获取等可归入盈利逻辑范畴。有些要素如定价结构这样的要素则可视为价值主张与盈利逻辑的交叉组合，依此类推。表2-1归纳了若干商业模式的构成要素，可以看出，虽然不同模型对商业模式构成要素

的分类差别较大，但大致都可归纳为价值主张（V）、经营网络（O）和盈利逻辑（P）三大要素或者这三类要素的某种组合。

表 2 - 1　　　　　　　各种商业模式概念模型构成要素分类

来源	构成要素	数量
阿米特等（Amit et al.，2001）	交易内容（V）、交易结构（O）、交易治理（O）	3
阿普尔盖特（Applegate，2000，2001）	概念（市场机会、战略定位、产品和服务、收入：V 和 P）、能力（核心能力、运营模式、营销模式、组织与文化、资源：O）和价值（客户价值、财务绩效和利益相关者收益：V 和 O）	3
李（Lee，2001）	成本（P）、收入（P）和价值创造战略（V 和 P）	3
张敬伟，王迎军（2010）	价值主张（V）、经营系统（O）、盈利模式（P）	3
博肯等（Bocken et al.，2014）	价值主张（V）、价值创造和传递（O）、价值获取（P）	3
马尔基德斯（Markides，1999）	产品创新（V）、顾客关系（V）、基础设施管理（O）、财务（P）	4
哈默尔（Hamel，2000）	核心战略（V 和 O）、战略资源（O）、价值网络（O）、顾客界面（V）	4
斯塔勒（Stähler，2002）	价值主张（V）、产品/服务（V）、价值体系（V 和 O）、收入模式（P）	4
鲍曼等（Bouwman et al.，2003）	业务（价值主张、市场定位：V）、组织（价值网结构：O）、财务（成本结构、利润潜力：P）和技术（所需功能：O）	4
原磊（2007）	价值主张（V）、价值网络（O）、价值维护（O）、价值实现（P）	4
布恩斯等（Boons et al.，2013）	价值主张（V）、供应链（V）、顾客界面（V）、财务模式（P）	4

续表

来源	构成要素	数量
蒂默尔斯（Timmers，1998）	产品、服务和信息流的体系结构（V和O）、参与者及其作用（V和O）、参与者利益（V和P）、收入来源（P）、营销策略（V和O）	5
多纳特（Donath，1999）	顾客理解（V）、市场战术（V和O）、公司管理（O）、内部网络化能力（O）、外部网络化能力（O）	5
兰伯特（Lambert，2003）	产品/服务/信息（V和O）、收入（P）、价值链及位置（O）、合作网络（O）、客户交互渠道（O）	5
莫里斯等（Morris et al.，2005）	价值主张（V）、顾客（V）、内部流程（能力：O）、外部定位（V和O）、经济模式和个人（投资者）因素（O和P）	5
蒂斯（Teece，2010）	产品特征（价值主张）、产品效益、细分、收益模式、价值传递	5
江积海（2015）	价值主张（V）、关键活动（O）、核心资源（O）、价值网络（O）、盈利模式（P）	5
切斯布洛等（Chesbrough et al.，2000）	价值主张（V）、目标市场（V）、内部价值链结构（O）、成本结构和利润模式（P）、价值网络（O）、竞争战略（V和O）	6
弗兹等（Forzi et al.，2002）	产品设计（V）、收入模式（P）、产出模式（O）、市场模式（V和O）、财务模式（P）、网络和信息模式（O）	6
乔伊斯等（Joyce et al.，2004）	商业战略（V和O）、组织形式与结构（O）、业务流程（O）、价值链（O）、核心能力（O）、财务结构（P）	6
李（Li，2009）	价值主张（V）、目标市场（V）、价值网络（O）、内部价值链结构（O）、成本结构和收益模式（P）	6
戈蒂恩等（Gordijn et al.，2001）	参与主体（O）、价值目标（V）、价值端口（O）、价值创造（O）、价值界面（O）、价值交换（O和P）、目标顾客（V）	7
彼德洛维奇等（Petrovic et al.，2001）	价值模式（V）、资源模式（O）、生产模式（O）、顾客关系模式（O）、收入模式（P）、资产模式（O和P）	7

来源	构成要素	数量
林德等（Linder et al., 2001）	定价模式（V 和 O）、收入模式（P）、渠道模式（O）、业务流程模式（O）、支持网络的业务关系（O）、组织形式和价值主张（V 和 O）	7
阿伏等（Afuah et al., 2001）	顾客价值（V）、业务范围（O）、价格（V 和 O）、收入来源（P）、相关活动（O）、互补性（O）、实施能力（O）、持续力（O）	8
韦尔等（Weill et al., 2001）	战略目标（V 和 O）、价值主张（V）、收入来源（P）、成功因素（V、O 和 P）、渠道（O）、核心能力（O）、目标顾客（V）、IT 技术设施（O）	8
奥斯特瓦尔德等（Oster-walder et al., 2005）	价值主张（V）、目标顾客（V）、分销渠道（O）、顾客关系（V 和 O）、价值结构（V 和 O）、核心能力（O）、伙伴网络（O）、成本结构（P）、收入模式（P）	9

资料来源：根据原磊（2007）、朱明洋等（2015）的相关研究成果整理。

　　上述观点得到了理论和实证研究的支持。原磊（2007）通过统计发现，在各种商业模式概念模型中，一共提到了 24 个不同的因素，提到次数较多的依次是价值主张（12 次）、经济模式（10 次）、顾客界面/关系（8 次）、伙伴网络/角色（7 次）、内部结构/关联行为（6 次）和目标市场（5 次）。可以看出，上述重复频率较高的几个要素实际上也可归纳为价值主张（如价值主张、目标市场）、经营网络（如顾客界面/关系、伙伴网络/角色、内部结构/关联行为）和盈利逻辑（如经济模式）三个要素。莫里斯（2005）将商业模式的定义分为三个层次：①基本层，这一层次的商业模式重点考虑盈利逻辑，如利润来源、成本结构。②运作层，这一层次的商业模式描述了一个公司创造价值的架构，聚焦内部程序和架构设计。③市场战略层，这一层次的商业模式聚焦企业市场定位、增长机会。显然，所谓市场战略层主要对应的是价值主张，运作层主要对应的是经营网络，基本层主要对应的是盈利逻辑。刘凯宁等（2017）利用德尔菲法对商业模式构成要素进行专家征询，筛选出 9 个一致性较高的商业模式构成要素：价值主张、目标客户、成本结构、收入模式、关键伙伴、价值网络、核心能力、价值链结构、关键业务。显然，上述 9 个要素中，价值主张、目标客户 2 个要素可归入为广义的价值主张，关键伙伴、价值网络、核心能力、价值链结构、关键业务 5 个要素可归入为广义的经营网络，成本结构、收入模式 2 个要素可归入盈利逻辑。

2.3　商业模式的价值逻辑

简要总结一下关于商业模式的基本共识，我们可以发现，价值逻辑的思想贯穿于不同阶段和不同类型的商业模式概念研究中，体现了商业模式概念的本质。基于商业逻辑的视角，我们可以将商业模式定义为企业通过创造某种商业价值而实现企业自身商业利益的特定商业逻辑。需要进一步探讨的问题是：这种价值逻辑逻辑究竟是一种什么样的逻辑？如何表达这种价值逻辑？我们可以用写论文做类比来阐释上述问题。我们知道，不同的学术论文背后的"写作逻辑"都是相似的，即提出问题（是什么）→分析问题（为什么）→解决问题（怎么办）。开展一种商业行为也像是写一篇文章，需要体现一种商业的价值逻辑，这种价值逻辑可简单概括为"做什么→如何做→如何赚钱"，进一步可以表述三个逻辑上相互关联的问题：①为谁创造什么样的商业价值。②如何创造商业价值。③如何通过创造商业价值获取商业利润。上述三个问题构成了商业模式逻辑结构的三个元问题，每一个元问题又可以根据实际的需要再细分若干层次的子问题，于是每一个元问题就扩展为一个问题集。对每一个问题集的解答揭示了某种商业模式在不同逻辑阶段的子逻辑，具体来说包含三种子逻辑：价值生成逻辑、价值创造逻辑、价值获取逻辑。不同子逻辑用于阐释商业模式的不同要素。

2.3.1　价值生成逻辑

问题 I 代表的问题集（问题集 I）及其解答主要揭示了商业模式的价值生成逻辑，也就是某一商业模式所主张的商业价值在逻辑上如何成立。价值生成逻辑可以简单表述为前后具有逻辑关系的三个问题，形成一个 WWH 的逻辑结构：为谁创造商业价值（WHO）→创造什么样的商业价值（WHAT）→为什么要创造这种商业价值（WHY）。对问题集 I 的回答最终形成商业模式的第一个基本要素，即价值主张。价值主张是对特定商业模式所要创造的商业价值的具体定义。基于价值生成逻辑的基本逻辑结构，还可以进一步设计子问题，以使价值主张更为深入和具体。例如，对于价值主张的对象（WHO），通常认为主要包含客户商业价值和合作伙伴商业价值。但在实际中也有一些商业模式的价值主张是针对企业自身某种利益诉求的，即为企业提供利润之外的特定商业价值。

2.3.2　价值创造逻辑

问题 II 代表的问题集（问题集 II）主要揭示商业模式的价值创造逻辑，可以简单表述为 HH 这样一个逻辑结构，即如何组织资源（HOW）→如何开展业务（HOW）。对问题集 II 的解答构成了经营模式的基本内容。经营模式主要包括企业为实现价值主张所需要组织的关键资源、所需要进行的关键活动以及构建的经营网络。

2.3.3 价值获取逻辑

问题Ⅲ代表的问题集（问题集Ⅲ）主要揭示商业模式的价值获取逻辑，可简单表述为HHH这样一个逻辑结构，即如何获得收入（HOW）→如何控制成本（HOW）→能获得多少利润（HOW MANY）。对问题集Ⅲ的解答构成盈利模式的主要内容。盈利模式是指在商业模式中获取利润的方式，主要包括收入模式和成本控制。

需要指出的是，虽然不少学者都承认商业模式是"创造价值和获取价值"的价值逻辑。但对商业模式价值逻辑中的"价值"是什么却很少进行明确的定义（沈超，黄爽，2019）。事实上，商业模式价值逻辑中的"价值"通常有两种表现形式：一是非货币形式的商业价值，如消费者获得的主观效用价值，企业战略价值，价值生成逻辑和价值创造逻辑中的"价值"大多是指这类含义的价值。二是货币形式的商业价值，主要是指企业获得的财务利润，价值获取逻辑中的"价值"多是指这类含义的价值。当然，也有一些学者试图将上述两种价值统一起来（沈超，黄爽，2019）。

价值生成逻辑、价值创造逻辑、价值获取逻辑构成了商业模式商业逻辑的三个子逻辑。其中，价值生成逻辑主要揭示某种商业价值是如何被构思出来并提炼为价值主张的。价值创造逻辑主要揭示如何通过关键的资源和活动实现价值主张。价值获取逻辑主要揭示实现价值主张的经营活动如何能够产生商业利润。

总之，商业模式的商业逻辑包含了三个逻辑上前后相连的子逻辑，笔者用"问题集→解答→基本要素"的范式来描述商业模式的各子逻辑。每个子逻辑都用于构建商业模式的某一基本要素。在此基础上，利用适当工具将各基本要素之间的逻辑关系表达出来，就可以构建一个商业模式。本章所提出的商业模式问题集是一个最简单的元问题集，对元问题集基础进一步扩展或调整，构建更为详细复杂的衍生问题集。基于衍生问题集及其更为详尽的解答，可以揭示商业模式更为精细复杂的逻辑结构，如将广义"价值创造子逻辑"进一步分解为狭义的价值创造和价值传递两个子逻辑，形成更为精细的价值主张→价值创造→价值传递→价值获取的商业模式线性价值逻辑，还可以进一步对商业模式要素进行分解、组合，构建各种更为复杂商业模式概念模型，但其背后价值生成→价值创造→价值获取的思维逻辑是不变的。上述三个子逻辑又进一步构成商业模式的基本逻辑结构：提出价值主张→构建经营网络实现价值主张→通过实现价值主张获取利润。商业模式的基本逻辑结构如图 2－1 所示。

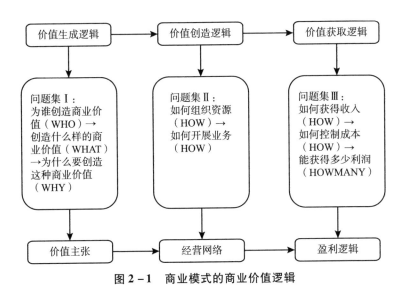

图 2－1　商业模式的商业价值逻辑

2.4　特征交易及其内涵

尽管已大致形成上述初步的共识，但迄今为止人们对于商业模式的本质仍然感到困惑。在相关研究文献中，商业模式或是经常被等同于"盈利模式""收入模式""经济模式""经营理念""业务流程"或是"战略"（Dasilva，2014），或是成为一个几乎无所不包的"大伞构念"（龚丽敏等，2011）。笔者认为出现这种状况的根本原因在于，如果说上述共识描绘了一幅大致的商业模式"画像"，那么至今缺少的是"画龙点睛"之笔。这个"睛"如果不点出来，我们就理解不了商业模式的本质，那么商业模式之"睛"究竟是什么呢？要回答这一问题，我们就必须回到商业模式的概念本源。商业模式，顾名思义，就是具有"商业"属性的模式，那么"商业"具有什么属性呢？简单说，商业是"通过交易获利"的经济行为，它具有营利性和交易性两大属性。因此，商业模式也具有营利性和交易性两个基本属性：

①营利性。营利性是指商业行为以获取利润为目标。营利性是商业行为区别于非商业行为的显著特征，也是商业模式的基本属性。认识到这一点，商业模式理论一般只研究营利性企业的运作模式，而不研究非营利性公益组织的运作模式。在商业模式研究中，营利性特征得到了足够重视，大多数商业模式概念模型都将盈利逻辑作为商业模式的一个基本要素。

②交易性。商业是"通过交易获取价值"的经济活动，这是商业区别于农业、工业等"通过生产获取价值"经济活动的显著特点，因

此交易性也是商业模式的基本属性。正如沈超红、黄爽（2019）所言，商业的本质就是交易，交易创造了价值。魏炜等（2012）也认为，商业就是交换，一个完整的交易包括四个要素：交易主体（谁参与交易）、交易内容（交易什么）、交易方式（怎么交易）以及交易定价（收支）。

自从有了商业行为，就有了商业行为的"模式"即商业模式，集市贸易、长途贩运、杂货铺等都属于商业模式。但为什么人们对商业模式的研究兴起于电子商务时代呢？关键的一点在于信息和互联网技术的发展和广泛应用催生了一种全新的交易方式（张敬伟，王迎军，2011），即以电子商务为代表的交易方式。这种交易方式将商品交易从真实的物理空间转移到虚拟的网络空间，使得交易信息的搜寻、商品价格的确定、交易资金的收付、商品的流通等一系列交易相关行为发生了颠覆性变化，并引起研发、生产、财务、组织、营销等各种企业生产经营行为随之也发生一系列重大变化。基于物理空间的传统战略管理、营销、组织、运营、创新等理论已不足以描述和分析基于互联网空间的新的商业行为。人们希望了解在互联网上如何进行商品交易而获利，或者说了解在互联网上从事商业活动的"模式"是什么，于是"商业模式"一词应运而生，被用来描述基于互联网的电子商务行为。今天，商业模式概念虽已超出电子商务而扩展到其他领域，但是其所内含的交易性特征并没有改变。

一些学者已注意到交易性特征在商业模式概念中的重要性，并试图从交易的角度去定义商业模式。如阿米特和佐特（Amit and Zott，2001）认为商业模式是在拓展商业机会的过程中，为创造价值而设计的交易活动的组合方式，包括交易内容、交易结构以及交易治理三个方面。哈默尔（2000）认为商业模式的本质就是做生意的方式，而做生意的核心不是生产而是交易。Weill（2005）依据"交易权利"标准对商业模式做了简明扼要的分类。魏炜等（2012）认为商业模式就是企业与其利益相关者的交易结构。沈超红和黄爽（2019）认为，商业模式是创造合约相关者剩余的整体交易设计。正如乔治等（George et al.，2011）所言指出的，从交易视角来定义商业模式，是最为严谨和有吸引力的。上述学者虽然都意识到交易性对商业模式的重要性，但他们的共同局限在于：①将商业模式等同于交易模式，以偏概全，范围过于狭窄，如阿米特和佐特（2001）把商业模式定义为交易的组合，魏炜等（2012）把商业模式定义为交易结构，沈超红和黄爽（2019）把交易模式定义为交易的设计。交易模式固然是商业模式的核心组成部分，但并非商业模式的全部，商业模式还包括一些非交易类的因素，如业务流程等。②没有区分不同的交易模式在商业模式中的地位和作用。一个商业模式可能包含多种交易模式，但这些交易模式在商业模式中的地位和作用并不相同，并不是所有交易模式都能体现一种商业模式的基本特征，其中只有一种或少数几种交易模式能够代表该商业模式的独特性，并对商业模式"价值创造和获取"的商业逻辑产生重要影响。因此，研究商业模式有必要将这类具有标志性意义的交易模式提炼出来，并将其作为商业模式概念模型的核心要素。笔者认为，可以将商业模式中此类能够揭示商业模式特征的交易模式定义为"特征交易"（characteristic transaction）。"特征交易"就是商业模式这幅画像的"画龙点睛"之笔，对其基本内涵可从以下几个方面来理解：

（1）特征交易属于企业与外部合约相关者之间的交易模式

特征交易是指企业与客户、商业伙伴等外部合约相关者的交易模式，不包括企业内部的各种"交易"。按照新制度经济学的"交易"

概念，企业内部生产和组织过程中也有很多"交易"，但这些内部交易都不能成为特征交易。之所以如此界定，是因为特征交易作为商业模式的标志性特征必须是具有商业性质的交易活动，而商业性活动通常只存在于企业外部，内部交易一般不具备"商业性"。因此特征交易必须是企业与外部合约相关者如客户、商业伙伴的交易活动。当然，如果企业将原来内部的一些生产经营活动转移到企业外部，那么这些生产经营活动的模式也有可能成为特征交易模式。例如，一家企业将研发活动外包给外部研发机构，那么该企业与外部研发机构围绕研发活动所进行的各种交易就可能成为特征交易。一些商业模式研究者也认识到这一点，如魏炜等（2012）认为，企业内部某些业务单元如研发，库存管理部门等，如果从企业中分离出来，也可以视为利益相关者。因此，当企业内部合约相关者外部化（如业务外包）或外部利益相关者内部化（如收购交易对手）时，往往是商业模式创新最容易出现的时刻。

（2）特征交易是使不同商业模式相互区别开来的标志性交易模式

当我们谈论一个企业的商业模式时，往往要将该商业模式与企业以往的商业模式或者同行的商业模式相互区别开来，区别的主要依据就是特征交易。举一个简单的例子，假设一家农户由人工喷洒农药改为由无人机喷洒农药，那么他的技术模式或生产模式发生了改变，但没有人会说该农户的商业模式发生改变，因为他与外部合约相关者如客户的交易模式没有变化。但是，如果农户的销售模式由卖给批发商转为网络直播带货，那么他的商业模式就会被认为发生显著改变。辨识一种商业模式的特征交易需要确定辨识的标准，仅列举以下若干辨识标准：交易的主体结构（双边交易，多边交易等）、交易的权利结构（所有权交易、使用权交易等）、交易的治理结构（一体化治理、三方治理、市场治理等）、交易的连接结构（基于物理空间的连接、基于网络空间的链接）、交易的支付结构（即期支付、延期支付；一次性支付、分期支付；讨价还价、竞价等）。

（3）特征交易是对企业"价值创造和获取"的价值逻辑产生显著影响的交易模式

严格地说，任何一家企业与同行业其他企业相比较，外部交易模式都或多或少有些不同，但是否存在特征交易，还要看该企业某种独特交易模式是否对其"价值创造和获取"的价值逻辑产生显著影响，只有对企业"价值创造和获取"的价值逻辑产生显著影响的独特外部交易模式才能成为特征交易，否则即使该交易模式很独特，也不能成为特征交易。例如，一家大型超市在商场内设立临时托管点代顾客照顾小孩，而其他超市没有为顾客提供这种便利服务，那么显然该超市创造了与众不同的一种与顾客的交易模式，但如果这种交易模式并没有使企业的盈利逻辑发生显著变化，那么就不能称其为特征交易。当然，对于什么样的影响是"显著"的，更多取决于具体的研究情景和研究者的主观判断，这也使得不同的研究者对同一家企业的商业模式存在不同的理解。

特征交易的概念可以解释商业模式研究长期存在的一个令人困惑的问题，即是不是每个企业都有自己独特的"商业模式"。从特征交易视角出发，我们可以认为，这主要取决于我们对特征交易模式揭示的细微程度。例如，许多饭店尽管菜品千差万别，但它们的商业模式都是一样的，因为它们与商业伙伴的交易模式（如食材的采购模式）、与顾客的交易模式（就餐模式、定价模式）都大体一样。但如果再进行更为具体细致的分析，我们会发现，有的饭店对多次用餐的顾客赠送优惠卡，这使该饭店与顾客的交易模式与同行相比有了细微的差别，在这样一个更为具体的层次上，我们可以说该饭店有了自己的商业模式。

2.5 特征交易模型

营利性与交易性构成了商业模式的两个基本特征，其中交易性是营利性的前提，而交易性特征主要由其特征交易来体现。现有的大多数商业模式概念模型都考虑到了商业模式的营利性特征，但除少数学者外，多数学者对商业模式的交易性特征没有予以足够重视，主要表现在商业模式概念模型中缺少体现交易性特征的构成要素，这是导致商业模式研究与传统企业战略分析或经营模式分析难以形成鲜明区别的主要原因。商业模式理论要形成自身特色，就不仅要全面涵盖营利性与交易性特征，更要重点体现特征交易在商业模式概念建构中的核心作用。基于以上考虑，笔者初步构建了一个商业模式特征交易模型。

2.5.1 特征交易模型的构成要素

如前所述，在元模式意义上，价值主张、经营网络和盈利逻辑已成为多数商业模式概念模型中构成要素的基本"公约数"。为进一步体现特征交易在商业模式概念中的关键作用，笔者将经营网络修正为特征交易型经营网络。这样，本章构建的商业模式特征交易模型的基本要素就可划分为三类，即价值主张（value proposition，V）、特征交易型经营网络（operation Network based on characteristic transaction，N）和盈利逻辑（profit logic，P）三大要素。

（1）价值主张

价值主张是对商业模式所要创造的商业价值的定位，如市场定位、目标客户、经营理念、战略方向等，反映了商业模式的价值提炼逻辑，即"为谁创造什么样的商业价值"。艾伦·阿伏等（Allan et al., 2001）认为，商业模式的功能是企业获取并使用资源，为顾客创造比竞争对手更多的价值以赚取利润。如前所述，商业模式中的"价值"具有双重含义，一是指为企业自身创造的利润价值或财务价值，二是企业自身利润价值之外的其他商业价值。因此，按照价值属性，商业价值可分为消费性商业价值、财务型商业价值和战略型商业价值。按照价值主张的对象，商业价值可分为客户价值、商业伙伴价值和企业战略价值。

①客户价值。客户价值是企业力图通过某一商业模式为客户创造的商业价值，涉及目标客户及市场定位等问题。从价值属性上看，客户价值通常表现为消费型商业价值。准确把握客户的实质价值诉求是构建价值主张的关键。例如，20 世纪 60 年代施乐公司最初认为客户需要"性能优良的复印设备"，从这一价值诉求出发，该公司推出了性能优良的 914 复印机，但随后发现该款复印机因价格昂贵而销量低迷。按照传统思路，施乐公司可以从价格问题入手将原来的客户价值诉求改进为"性能良好且价格适中的复印设备"如果顺着这一思路，施乐公司应当集中力量扩大生产规模，实现规模经济，以降低复印机平均生产成本。但是通过调研，施乐公司发现客户真实的价值诉求并不是要获得复印机本身，而是获得复印服务，于是施乐公司对客户价值进行了重新定位，即"低廉方便的复印服务"。基于这一新的客户价值，施乐公司设计出了"租赁＋计量收费"的商业模式，从"出售复印机"转变为"租复印机"，从"卖产品"转变为"卖服务"，通

过价值主张的创新，获得了巨大的商业成功。

②商业伙伴价值是指某一商业模式为相互合作的商业伙伴创造的商业价值。任何一种商业模式都要与商业伙伴合作才能成功，因此需要将合作伙伴的潜在利益诉求准确而巧妙地嵌入商业模式中以激励商业伙伴进行合作。例如，在许多众筹商业模式中，投资者不仅参与众筹项目的融资，而且还可以参与项目的策划、咨询、运营和营销，从而巧妙地将合作伙伴（投资者）的投资需求与其创业需求、消费需求和社交需求结合起来，创造出所谓"众人集资、集思广益、风险共担"的众筹商业模式（范家琛，2013）。

③企业战略价值是指某一商业模式给企业自身带来的财务价值之外的战略型商业价值。对于商业模式为企业自身带来的价值，一些研究者只将其理解为企业最终盈利（原磊，2007），这是不够全面的。作为"价值创造和获取"的价值逻辑，商业模式"创造"的价值和"获取"的价值并不是同一类价值。商业模式创造的价值包括客户价值、商业合作伙伴价值及企业战略价值。其中，企业战略价值包括建立进入壁垒、构建核心竞争力、提高风险控制能力、增强客户黏性等。企业通过"价值创造"活动而"获取"的商业价值，则表现为财务型商业价值即利润，财务价值一般体现在盈利逻辑而非价值主张中。以在美国盛行的"管理式医疗保险"（managed care）为例，这种商业模式为商业保险公司创造出了以风险控制为核心的企业战略价值。在管理式医疗保险商业模式中，商业保险公司对所控制的医疗机构的医疗费用实行总额管理，定期向医疗机构支付固定的医疗费用，医疗机构的利润取决于固定医疗资金总额与实际医疗费用的差额，同时要求投保人只有在保险公司控制的医疗机构就医才能获得医疗保险支付，以达到防范投保人或医疗机构"过度医疗"的道德风险，降低

保险公司赔付成本的战略目标。在现实中，某种商业模式的价值主张可能是上述三种商业价值的一种，也可能是两种或三种，但有一定的主次轻重之分。

（2）特征交易型经营网络

商业模式的价值主张需要通过特征交易来实现，但仅靠特征交易并不能独立实现价值主张，还需要企业内部价值链以及企业与客户和商业伙伴的外部交易网络来支持特征交易的完成，由此围绕特征交易就构成了包含企业内部价值链和外部交易网络在内的商业模式经营网络，我们称之为特征交易型经营网络。特征交易型经营网络体现了商业模式的价值创造逻辑，即在企业内部价值链和外部交易网络的支持下完成特征交易，创造商业价值。以海尔平台化商业模式（宋立丰等，2019；赵良，2018）为例，其中至少包含四种标志性的特征交易模式：一是有别于传统家电制造商先生产再销售交易的"交互式定制"模式。二是有别于传统家电制造商内部研发模式的"开放式研发"模式。三是有别于传统家电企业零部件采购模式的"模块化采购"模式。四是有别于传统市场调研（问卷、访谈等），利用大数据技术获取需求信息的精准营销模式。围绕上述特征交易，海尔重构了企业内部价值链（研发等支持活动、采购、制造、营销、物流等基本活动）以及与用户、外部研发机构、供应商的外部交易网络，从而构建了平台化商业模式的特征交易型经营网络。

（3）盈利逻辑

盈利逻辑是指利用商业模式获取利润的逻辑，主要解决的问题是"卖了以后为什么能赚钱？"主要包括收入模式和成本控制两个方面。盈利逻辑体现了"价值获取"的价值逻辑。当然，如前所述，盈利逻辑中的"价值"不同于价值创造和传递中的"价值"即顾客价值、合作伙伴价值或企业战略价值，而主要是指狭义的财务价值或财务利润。一个商业模式的盈利逻辑是否有说服力，不仅需要理论上反复推敲，而且还需要实践上的不断验证。

2.5.2　特征交易模型的基本结构

商业模式的特征交易模型可用维恩图（venn diagram）来描述。在集合论中，维恩图通常用来表示在不太严格的意义下不同集合之间的逻辑联系，尤其适合用来表示集合之间的"大致关系"。利用维恩图描述特征交易模型，价值主张、特征交易型经营网络和盈利逻辑可以视为三个要素组合，即价值主张要素组合、特征交易型经营网络要素组合和盈利逻辑要素组合。在实际的商业模式设计或分析中，可根据需要进一步划分出一些次级要素，如目标顾客、产品特征、战略目标、营销策略等。其中，有一些要素可能属于上述要素组合的交集，如战略目标、营销策略既属于价值主张要素组合（V），又属于特征交易型经营网络要素组合（N），因此属于二者的交集（V&N），见图 2-2 所示。

在图 2-2 的特征交易模型中，价值主张要素组合（V）包括三大要素：客户价值、合作伙伴价值和企业战略价值。在商业模式设计或分析中，可以根据实际需要进一步划分出一些次级要素，如目标顾客、产品设计、产品特征、战略目标、营销策略等等。其中，有一些要素如战略目标、营销策略既属于价值主张要素组合（V），又属于特征交易型经营网络要素组合（T），因此属于二者的交集（V&T）。特征交易型经营网络要素组合（T）包括两大要素：企业内部价值链、外部交易网络（与客户的交易网络，与合作伙伴的交易网络）与特征

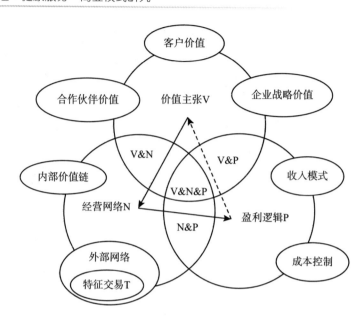

图 2 – 2   基于维恩图的商业模式特征交易模型

交易模式。其中，特征交易模式是从外部交易网络中识别出的代表该商业模式特征的交易模式。同样，也可以根据需要进一步划分出次级要素，如关键资源、业务流程、组织模式、研发模式、生产模式等等。盈利逻辑要素组合（T）包括两大要素：收入模式，成本控制，也可进一步划分出若干次级要素，其中一些次级要素如经济模式和个人（投资者）因素、价值交换等等属于 T 和 P 的交集（T&P），以此类推，盈利逻辑要素组合（T）与价值主张要素组合（V）之间也存在交集。此外，也可能有一些要素属于三个要素组合的交集（V&T&P）。

2.5.3   基于特征交易模型的商业模式 VNP 分析范式

在图 2 – 2 的特征交易模型中，V→N→P 的实线箭线反映了商业模式的商业逻辑（P 到 V 的虚线表示盈利逻辑对价值主张的反馈影响），即提出价值主张→构建特征交易型交易网络→阐明盈利逻辑。这一商业逻辑也构成了商业模式的 VNP 分析范式。其具体分析步骤如下：

（1）提出价值主张（V）

如果说商业模式就是"做生意的方式"，那么提出价值主张就是确定"卖什么"（对于客户而言）或者"买什么"（对于某些商业伙伴如供应商而言）。一个商业模式可能包含多个价值主张，但其中必有一个最具代表性的价值主张，我们称之为核心价值主张，如商业活动中的所谓"卖点"。提出价值主张，关键是从诸多价值主张中识别出核心价值主张。例如，在施乐公司"租赁＋计量收费"商业模式中，核心价值主张就是"卖复印服务"。一个好的核心价值主张的提出，既需要准确把握客户或商业伙伴潜在、真实的利益诉求，同时也要考虑企业相应资源和能力。准确把握客户真实而非表面呈现的价值诉求是构建价值主张的关键。

（2）构建特征交易型经营网络（N）

具体又包含两个子步骤：①确定实现核心价值主张的特征交易模式。确定特征交易模式就是确定"怎么卖"或者"怎么买"。特征交易既是一种商业模式的标志，也是实现核心价值主张的交易模式。例如，在施乐公司"租赁＋计量收费"的商业模式中，特征交易模式"租赁复印机"。②围绕特征交易构建经营网络。即围绕特征交易分析或设计商业模式经营网络的其他部分。例如，在施乐公司"租赁＋计量收费"的商业模式中，需要围绕"租赁复印机"设计出整个租赁业务的业务流程。

（3）阐明盈利逻辑（P）

基于"利润＝收入－成本"的财务逻辑，阐明收入模式和成本控制模式，说明为什么该商业模式可以获取利润，或者为什么能够比以往商业模式或同行的其他商业模式赚取更多的利润。

与传统战略分析中的 SWOT 分析方法类似，VNP 分析方法具有逻辑清晰、简便实用、适用范围广泛的特点。同时，作为一种元模式层次的商业模式概念模型，VNP 分析还具有以下三个特点：①原则性。VNP 分析方法提供的是商业模式分析的基本原则或基本框架，而非可以简单套用的公式。在实际的商业模式设计和分析中，需要结合具体情况，进一步提炼更为具体的商业模式要素和商业逻辑。②逻辑性。VNP 分析方法实质上揭示了商业模式的内在商业逻辑，即从生成价值（价值主张）、创造价值（特征交易型经营网络）到从价值创造中获取利润（盈利逻辑）的商业逻辑。③交互性。价值主张、特征交易型经营网络、盈利逻辑三大要素集合存在交集，从而可以形成多种多样的商业模式要素。因此在实际的商业模式设计和分析过程中，可以在三大要素基础上，结合实际提炼更具体的商业模式要素，这也是一个商业模式创新的过程。

2.5.4 特征交易模型与商业模式创新

特征交易模型也为研究商业模式创新提供了新的分析视角。江积海（2015）认为，商业模式创新既不是供给层面的技术或产品创新，也不是需求层面的市场创新，而是供给与需求连接方式的创新。而所谓"供给与需求连接方式"也就是交易模式，因此商业模式创新本质上就是企业与客户、企业与商业伙伴之间交易模式的创新，特别是特征交易模式的创新。从创新驱动角度来看，商业模式创新主要有三种基本形式：

一是由供给方面的创新如技术创新、组织创新引起特征交易模式创新，形成商业模式创新。例如，海尔采用柔性制造系统形成的技术创新，推动其进一步采取"大规模定制"的特征交易模式，从而实现了商业模式创新。

二是需求方面的创新如提出新的价值主张引发特征交易模式创新，形成商业模式创新。例如，当施乐公司将价值主张由"卖复印机"转变为"卖复印服务"时，导致其特征交易由"销售复印机"转变为"租赁复印机"，形成商业模式创新。

三是在供给方面的技术模式与需求方面的价值诉求都没有发生实质变化，但二者的"连接方式"即交易模式自身发生变革，形成商业模式创新。例如，20 世纪 90 年代初，国美电器将家电销售由百货大楼销售模式转变为连锁家电超市销售模式，形成商业模式创新。

当然，现实的商业模式创新不一定只属于上述三种基本类型商业模式创新的一种，也可能是上述三种基本商业模式创新的某种组合。

2.6　商业模式与企业战略的关系

特征交易模型对商业模式交易性特征的强调，为理解商业模式与企业战略的关系提供了一个新的视角。商业模式与企业战略的关系一直是商业模式理论研究的一大难题，在这一问题上研究者们看法莫衷一是，大致形成四种观点：

（1）商业模式从属于战略

桑托斯等（Santos et al.，2009）认为商业模式回答的是战略概念中"How"（如何创造价值）的问题，只是战略的一部分。博克等

（Bock et al.，2012）认为，商业模式可视为多个维度的增长战略。张敬伟、王迎军（2011）认为，总体而言，战略的内涵要大于商业模式，商业模式可以被视为战略工具，为企业做出适当的战略决策提供有益的支持。郭天超和陈君（2012）认为，商业模式的研究对象是企业的职能战略措施体系，因此商业模式从属于企业职能层战略。如果商业模式从属于战略，或者只是战略的一个代名词，那么一个极端的推论就是商业模式没有什么学术价值，波特（Porter，2011）就对商业模式存在的意义产生了质疑，他认为"商业模式方法对管理学是一个误导和自我妄想的杜撰"，只具有修辞学的意义。

（2）战略从属于商业模式

哈默尔（2000）认为商业模式包含顾客界面、核心战略、资源基础、价值网络四大要素，可见哈默尔倾向于商业模式包含企业战略，核心战略仅仅是商业模式的一个组成要素。切斯布罗夫和罗森布鲁姆（Chesbrough and Rosenbloom，2002）把竞争战略看作是商业模式的一个构成维度。

（3）商业模式与战略属于并列关系，二者既相异又高度交叉互补

卡萨德斯·马萨内尔（Casadesus–Masanell，2010）认为，战略要对商业模式进行选择，而商业模式反映的是已经付诸实施的战略。叶（Yip，2004）认为，战略是对商业模式的变革，商业模式是战略变革的结果。谢弗等（2005）认为商业模式本身并不是战略，但商业模式有助于战略选择分析、检验和确证。玛格丽塔等（Magretta et al.，2002）也认为商业模式与战略是两个不同的概念，但两者的整合分析有助于探究企业可持续竞争优势的来源。奥斯特瓦德等（2002）指出企业业务系统由企业战略、商业模式、业务流程三个层次构成，商业模式是企业战略的概念性和架构性实现蓝图，是业务流程和技术

系统实现的基础。帕特尔（Pateli，2003）等提出企业四层结构：战略、商业模式、业务流程、信息系统。他们认为，商业模式是商业战略的概念性和架构性实现蓝图，同时又是业务流程和信息系统实现的基础。卡萨德斯·马萨内尔和里卡特（Casadesus-Masanell and Ricart，2010）指出，战略要对商业模式进行选择？而商业模式反映的是已经付诸实施（realized）的战略。沈永言和吕廷杰（2011）认为，企业战略是商业模式的理论基础，商业模式则具有对企业战略的整合功能。高金余等（2008）认为，企业规划与运作由企业战略、商业模式、业务流程和技术与资源四个层次构成。这四个层次共同为企业持久的经营和获取利润服务。企业规划与运作在概念上与数据库设计中的需求分析、概念设计、逻辑设计、物理设计等四个层次存在一致性，即企业战略对应需求分析阶段，商业模式对应概念设计阶段，业务流程对应逻辑设计阶段，技术与资源对应物理设计阶段。

多数学者倾向于第三种观点，即认为商业模式与企业战略是既相异又互补的关系，但对二者之间的边界却缺乏清晰的阐释。笔者认为，辨析商业模式与战略的关系，关键在于如何界定战略。关于商业模式与战略关系的很多分歧可能源于研究者对战略的不同理解。事实上，在管理学意义上对于企业战略一直存在广义和狭义的两种不同理解。

广义上的战略就是明兹伯格所谓的战略"5P"定义，即战略包含计划（plan）、模式（pattern）、定位（position）、观念（perspective）、计谋（ploy）五层含义，而商业模式作为企业的商业计划、业务模式、市场定位、价值逻辑和经营策略显然符合广义的战略定义，因此从广义上看，商业模式是从属于战略的。

从狭义上看，迄今为止，企业战略往往指竞争战略。众所周知，管理学的"战略"概念来源于军事学的"战略"。在军事领域，战略是指挥战争的重大军事谋略。战争的目的就是打败敌人，因此在军事上，战略也就是指如何打败敌人的谋略。"战略"一词之所以在20世纪60年代被借用到企业经营管理领域，除了用其表述企业全局性、长期性的经营规划外，还有一个重要原因就是，人们认为"市场如战场"，市场竞争犹如军事战争，都具有"你死我活""你胜我败"的零和博弈特点，因此与战争中制订军事战略一样，处于市场竞争中的企业也需要制订"如何战胜对手"的竞争谋略。长期以来将战略视为竞争谋略一直是管理学的主流战略思维，管理学大师波特就将战略定义为通过对企业活动的谋划而获取竞争优势，绝大多数战略分析理论如SWOT分析、波特五力模型、波特竞争力模型、核心竞争力理论等都将重心放在如何识别和取得相对于竞争对手的"竞争优势"上，最为典型的就是波特五力模型，该模型不仅将同行、潜在进入者、替代品厂商视为竞争对手，而且将供应商、客户也视为竞争对手，将企业与供应商、客户之间的交易关系简化为讨价还价式的"竞争关系"，可以说将竞争性的战略思维发挥到了极致。我们将这类视战略基本等同于竞争战略的传统战略管理理论称为竞争导向的战略管理理论。

商业模式理论的出现对于竞争导向的传统战略管理理论是一次重大突破，代表了一种新的战略管理理论——合作导向的战略管理理论的兴起。与传统的竞争导向的战略管理理论不同，商业模式理论更为重视商业伙伴之间的交易行为，而交易是需要交易双方合作的。在交易中如果一方总是视另一方为竞争对手，想方设法"战胜"对方，那么交易就很难实现。因此交易不同于竞争，它不是"你赢我输"的零和博弈，而是通过合作实现"互利共赢"的非零和博弈。互联网的出现为基于市场合作的各种交易模式创新提供了广阔平台，随着互联网经济的发展，企业不再单纯被视为市场中的相互独立、自由竞争的"原子"，而是相互依赖、需要通过合作才能共创价值的价值网络上的一个个节点，由此在企业战略实践中开始出现了与传统竞争战略相区别、强调通过合作创造价值的"合作战略"。与识别和获取相对于竞争对手的竞争优势、通过战胜对手获取利润的竞争战略逻辑不同，合作战略的逻辑是寻找能够合作的商业伙伴，与商业伙伴进行能够创造新商业价值的交易，通过合作式的交易获取商业利益，由此推动了以商业模式理论为代表的合作导向的战略管理理论的形成与发展。

　　一些学者已意识到商业模式理论与将战略等同于竞争战略的传统战略管理理论在战略思维上的上述区别。如哈默尔（2000）指出，商业模式与战略的主要区别是：战略注重如何打败市场竞争对手，而商业模式重视的是价值创造，通过创造新的价值绕开竞争的活动。玛格丽塔（2002）指出，商业模式事关构建系统而非主要考虑随后或相伴的竞争行为，后者应是企业战略回答的问题。王雪冬、董大海（2012）指出，战略管理理论强调竞争，而商业模式理论则更加讲究在控制的基础上进行合作，通过合作来建立系统的竞争优势。魏炜等（2012）认为，商业模式不同于企业战略，商业模式是一种交易结构，而战略是企业在市场竞争中的某种策略。但是，由于强大的思维惯性，多数学者一直没有充分认识到商业模式理论与传统战略管理理论在战略思维上的重要区别，仍然试图仅仅从"获取竞争优势"的传统战略思维的视角去把握商业模式的意义和研究范式。总之，对于商业模式的合作型战略思维与传统战略的竞争型战略思维的差异性缺乏充分的认识，是导致商业模式与企业战略关系一直无法得到充分辨析的一个主要原因。

　　当然，我们说商业模式理论是合作导向的战略管理理论，而传统战略管理理论是竞争导向的战略管理理论，只是就二者在战略思维上的侧重点而言，并不是说传统战略管理理论完全否定市场合作，而商业模式理论完全否定市场竞争。现实的市场中既存在竞争又存在合作，因此二者存在相当大的互补性。

除了战略思维导向不同外，商业模式理论与传统战略管理理论的另一个重要区别是，传统战略管理理论大多基于对大企业的观察（张敬伟，王迎军，2011），主要以大企业的战略管理为研究对象，而商业模式理论更适合创业型中小企业的战略管理。最明显的例证就是，传统战略管理理论将企业战略划分为公司层的总体战略、业务层的竞争战略和职能层的职能战略三个垂直层次，这显然是针对大企业而言的，因为只有大企业才可以在企业组织结构上明确划分为公司层、业务层和职能层，也只有大企业才能在管理程序上按部就班地进行从战略管理到职能管理的垂直分工。而对互联网时代涌现出大量基于互联网的创新型小企业而言，其组织结构往往是扁平化的，不仅总体战略与竞争战略的区分失去了意义，而且由于管理者身兼战略管理者和若干职能管理者的角色，战略管理与职能管理往往交织进行，很难严格区分。对于一个甚至连"企业"都还可能只存在于头脑中的创业者来说，既不可能高谈阔论企业总体战略或竞争战略，也不可能一一罗列各种职能管理措施，他迫切需要一种概念工具，这种概念工具能够以一种简明扼要的方式阐明从"卖什么""怎么卖"到"卖了怎么赚钱"的商业逻辑。因此，与基于大企业组织结构的从总体战略、竞争战略到职能战略的"垂直层次"型传统战略管理模式不同，商业模式更多体现的是适合于小企业扁平化组织结构的从价值主张、交易模式/经营网络到盈利逻辑的"横向链条"型战略管理模式。

总之，互联网经济的发展使得人们逐渐意识到现代市场经济不仅需要市场竞争，也需要市场合作，商业模式理论就体现了一种更为重视市场合作的战略管理理论，类似如价值共创理论、商业生态圈理论等等，都体现了合作导向的新战略思维。这与重视市场竞争的传统战略管理理论是有明显差异的。当然，必须指出，这是仅就战略思维上的侧重点不同而言，并不是说传统战略管理理论完全否定市场合作，也不是说商业模式理论完全忽视市场竞争，商业模式理论也可以用于分析企业的竞争优势，特别是通过价值链合作形成的竞争优势。总之，现实的市场中既存在竞争又存在合作，因此传统战略管理理论与商业模式理论存在相当大的交叉互补性。商业模式理论的出现使得企业战略研究不再局限于竞争战略，而扩展对竞争战略、合作战略以及通过合作获取竞争优势的"竞合战略"的更为广泛的研究领域，如图 2-3 所示。"竞合战略"未来有可能成为企业战略管理研究的新主题。

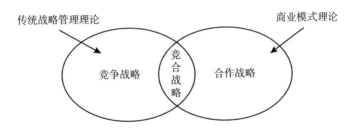

图 2-3 新的企业战略管理理论

参考文献：

［1］成文，王迎军等. 商业模式理论演化述评［J］. 管理学报，2014（3）.

［2］范家琛. 众筹商业模式研究［J］. 企业经济，2013（8）.

［3］冯鹏程.产业链思维：健康保险发展的新思维［J］.上海保险，2008（3）.

［4］傅世昌，王惠芬.商业模式定义与概念本质的理论体系与研究趋势［J］.中国科技论坛，2011（2）.

［5］高金余，陈翔.互联网环境下的企业商业模式概念和定位研究［J］.管理工程学报，2008（2）.

［6］郭天超，陈君.商业模式与战略的关系研究［J］.华东经济管理，2012（4）.

［7］郭旭.保险公司投资养老地产策略研究［D］.东北财经大学硕士论文，2013.

［8］龚丽敏，江诗松，魏江.试论商业模式构念的本质、研究方法及未来研究方向［J］.外国经济与管理，2011（3）.

［9］江积海.商业模式是"新瓶装旧酒"吗？——学术争议、主导逻辑及理论基础［J］.研究与发展管理，2015（4）.

［10］刘凯宁，樊治平，于超.基于NK模型的商业模式创新路径选择［J］.管理学报，2017（11）.

［11］欧新煜，赵希男.保险公司投资养老社区的策略选择［J］.保险研究，2013（1）.

［12］权国占.我国保险公司投资养老地产研究——以泰康为例［D］.天津财经大学硕士论文，2017.

［13］任云鹏.保险公司投资养老社区研究［D］.中共中央党校硕士论文，2014.

［14］沈超，黄爽.基于"合约相关者剩余"的商业模式研究［J］.管理学报，2019（2）.

［15］沈永言，吕廷杰.商业模式基本概念重思［J］.管理现代

化，2011（1）.

[16] 宋立丰，刘莎莎，宋远方. 冗余价值共享视角下企业平台化商业模式分析——以海尔、小米和韩都衣舍为例 [J]. 管理学报，2019（4）.

[17] 王水莲，常联伟. 商业模式概念演进及创新途径研究综述 [J]. 科技进步与对策，2014（4）.

[18] 王雪冬，董大海. 商业模式的学科属性和定位问题探讨与未来研究展望 [J]. 外国经济与管理，2012（3）.

[19] 魏炜，朱武祥，林桂平. 基于利益相关者交易结构的商业模式理论 [J]. 管理世界，2012（12）.

[20] 原磊. 商业模式体系重构 [J]. 中国工业经济，2007（6）.

[21] 张敬伟，王迎军. 基于价值三角形逻辑的商业模式概念模型研究 [J]. 外国经济与管理，2010（6）.

[22] 张敬伟，王迎军. 商业模式与战略关系辨析——兼论商业模式研究的意义 [J]. 外国经济与管理，2011（4）.

[23] 赵良. 智能制造商业模式研究——以海尔为例 [D]. 北京交通大学，2018.

[24] 周灵灵，孙长青. 我国发展商业健康保险的瓶颈及破解对策 [J]. 金融理论与实践，2017（9）.

[25] 钟雯. 我国保险公司投资养老地产的 SWOT 分析 [J]. 保险职业学院学报，2017（8）.

[26] 朱明洋，林子华. 国外商业模式价值逻辑研究述评与展望 [J]. 科技进步与对策，2015（1）.

[27] Afuah A., Tucci C. L. Internet business models [M]. New York：McGraw‐Hill/Irwin2001. Vienna，Austria.

［28］ Amit R, Zott C. Value creation in e-business ［J］. Strategic Management Journal, 2001, 22 (6 /7): 493 – 520.

［29］ Bock A J, Opsahl T, George G. The effects of culture and structure on strategic flexibility during business model innovation ［J］. Journal of Management Studies, 2012, 49 (2): 279 – 305.

［30］ Casadesus – Masanelll R, Ricart J E. From strategy to business models and onto tactics ［J］. Long Range Planning, 2010, 43 (2/3): 195 – 215.

［31］ Chesbrough H., Rosenbloom R. S. The Role of the Business Model in Capturing Value from Innovation: Evidence from Xerox Corporation's Technology Spin off Companies ［R］. Harvard Business School, Working Paper, 2002.

［32］ Dasilva C M, Trkman P. Business Model: What it is and what it is not ［J］. Long Range Planning, 2014, 47 (6): 379 – 389.

［33］ George, G., Bock, A J. The business model in practice and its implications for entrepreneurship research. ［J］. *Entrepreneurship: Theory and Practice*, 2011, 35 (1): 83 – 111.

［34］ Hamel G. Leading the revolution ［M］. Boston: Harvard Business School Press, 2000: 59 – 114.

［28］ Linder, J. and Cantrell, S. Changing business models: Surveying the landscape ［R］. Accenture Institute for Strategic Change, Cambridge, 2000

［35］ Magretta J. Why business models matter ［J］. Harvard Business Review, 2002, 80 (5): 86 – 92.

［36］ Miller, R. H. and Luft, H. S., Managed Care Plan Performance since 1980: A Literature Analysis [J]. Journal of the American Medical Association, 1994, (271): 1512 – 1519.

[37] Morris M, Schindehutte M, Allen J. The Entrepreneur's Business Model: Toward a Unified Perspective [J]. Journal of Business Research, 2003, 58 (6): 726 – 735.

[38] Osterwalder A. , Pigneur Y. An e-Business Ontology for Modeling e Business [R]. 15th Bled Electronic Commerce Conference, Bled Slovenia, 2002.

[39] Osterwalder, A, Yves Pigneur, and Chirstopher L Tucci. Clarifying business models: Origins, present, and future of the concept [J]. Communications of the Information Systems, 2005, 15 (5): 1 – 25.

[40] Pateli A. , Giaglis G. M. A Framework For Understanding and Analysing e – Business Models [R]. Proceedings of the Bled Electronic Commerce Conference. 2003.

[41] Porter, M. Strategy and the Internet [J]. Harvard Business Review, 2001, 79 (3): 62 – 78.

[42] Santos, J, Spector B, Van Der Heyden, L. Toward a theory of business model innovation within incumbent firms [R]. INSEAD Working Paper, 2009.

[43] Robinson, J. C. , Payment Mechanisms, Non price Incentives, and Organizational Innovation [J]. Health Care, Inquiry, 1993, (30): 328 – 333.

[44] Shafer S M, Et Al. The Power of Business Models [J]. Business Horizons 2005, 48 (3): 199 – 207.

[45] Timmers P. Business models for electronic commerce [M]. Elec-

tronic Markets, 1998, 8 (2): 3 – 8.

[46] Weill P, Malone T W, D'urso V T, et al. Do some business models perform better than others – A study of the 1000 largest US firms [J]. MIT Center for Coordination Science, 2005, 226 (1): 1 – 39.

[47] Yip G S. Using strategy to change your business model [J]. Business Strategy Review, 2004, 15 (2): 17 – 24.

第 3 章

"保险＋实体医疗"商业模式

近年来，借鉴国外"管理式医疗"模式，国内商业保险公司积极进行商业模式创新，跨界投资经营医疗服务业，形成丰富多样的"保险＋医疗服务"的商业模式，大致可分为两种类型：一是商业保险公司投资经营实体医疗机构，参与线下医疗服务，可称为"保险＋实体医疗"商业模式。二是商业保险公司参与互联网医疗，为客户提供线上寻医问诊、健康管理等互联网医疗健康服务，可称之为"保险＋互联网医疗"商业模式。本章主要基于商业模式特征交易模型，重点分析"保险＋实体医疗"商业模式的价值逻辑。

3.1 管理式医疗

我国"保险＋实体医疗"商业模式在一定程度上借鉴了美国管理式医疗模式。管理式医疗（managed care）或称管理式医疗保险，是指在商业健康保险公司、医疗机构和投保人之间形成的一系列旨在控制医疗费用、提高医疗服务质量的制度安排。管理式医疗将医疗费用预付制、按人头付费制和团体医疗保险结合起来，在医疗资金供给与医疗服务供给之间建立某种制衡关系。在管理式医疗中，与保险公司签约的特定医疗机构为保险公司的客户提供医疗服务，保险公司对医疗服务过程进行严格监督，通过医疗费用预付制等机制减少医疗机构或保险客户"过度医疗"的道德风险，控制医疗费用开支，减少健康保险赔付率。医疗机构为了获得更多患者，增加医疗服务收入，也愿意与保险公司签约合作。

管理式医疗产生于美国，其背景是美国高度商业化的医疗保障体制。美国是世界上唯一以商业健康保险为主要医疗保障的国家，商业保险公司承担了绝大部分的医疗保障功能。如果采取传统后付制的商业健康保险模式，即保险客户在就医之后获得保险公司的医疗费用赔付，则由于医疗机构、保险公司、患者之间的信息不对称，容易诱发医疗机构或保险客户的过度医疗风险，不仅会增加保险公司不必要的理赔支出，同时也会增加为员工购买医疗保险的企业雇主的财务负担。为了减少医疗保险的赔付负担，20 世纪 30 年代美国凯撒铝业公司就建立了一种被称为健康维护组织的管理式医疗组织，标志着管理式医疗的诞生。由于管理式医疗在控制医疗费用过度上涨方面效果显著，1972～1973 年，美国先后颁布了《社会保障修正草案》《健康维护组织法》，通过立法推动管理式医疗在美国的普及。

健康维护组织（Health Maintenance Organization，HMO）是美国目前最主要的管理式医疗组织。美国国家卫生与公共服务部将 HMO 定义为"一种管理式健康护理计划，在预付费基础上为自愿加入的客户提供或安排全面、协调的医疗服务。"按照医疗服务提供者的不同，HMO 又进一步分为职员模式、团体模式、网络模式、独立开业协会、直接签约模式五种组织模式（亨德森，2008）。HMO 一般与投保人如企业雇主签订医疗保险合同，接受企业雇员为被保险人，并按合同要求为被保险人提供医疗保健服务。HMO 有自己的合同医院和开业医生，可直接为被保险人提供门诊、住院和预防服务。当被保险人生病需要医疗服务时 HMO 并不是对被保险人给予现金补偿而是提供所需的各种医疗服务？实行服务型补偿。与 HMO 签约后，投保人会得到一张服务卡，看病时出示此卡即可，一般不需再支付其他费用，如有特殊情况则按预先的规定缴纳少量费用。与传统的后付制医疗保险制度相比，HMO 在制度安排上主要有三大特色：

（1）初级医生转诊制度

每个被保险人可在 HMO 范围内选择一个初级医生（primary care physician），初级医生主要职责包括：①负责被保险人的健康管理和日常保健。HMO 将预防性保健计划、家庭医疗保健以及自我保健与病人教育计划作为健康维护与预防的重要方法，通过初级医师提供的预防检查、体检、诊断检查、健康讲座、健康维护等服务为被保险人提供健康管理服务，降低疾病发生率。初级医生会把治疗限制在必要范围内，以控制医疗成本，在某种意义上承担了医疗费用"守门人"的角色。②管理医疗需求的转诊制度。初级医生负责安排被保险人所有医疗服务。如果被保险人生病需要诊疗应先到初级医生处接受治疗。如果病情复杂程度超过初级医生的治疗范围，则由初级医生开具转诊证明，转诊到专科医生，实现病人分流，提高医生效率，降低相关费用。通过初级医生"守门人"角色，能保证对被保险人健康状况的长期监督以及疾病的早期诊断，同时有效避免被保险人"小病大治"的过度医疗风险。

（2）通过预付制控制医疗成本

被保险人一般只能在 HMO 直接管理或与 HMO 签约的医疗机构接

受医疗服务。如有特殊需要，病人也可转到 HMO 外的医疗机构接受治疗，但医疗费用需要自理。HMO 医疗服务提供者所需资金由 HMO 会员单位的雇主和会员共同筹集。医疗费用的支付采取定额预付制：一是按病种付费，即针对某一疾病的诊疗过程，参考历史数据，研究该疾病所需的医疗服务，确定医疗服务价格。投保人因患该疾病到接受治疗后。保险公司按事前约定的病种支付价格进行支付。按病种付费的模式，有利于规范治疗过程，同时激励医护人员不断提高业务水平，探索更为低廉有效的治疗方法，控制医疗费用，确保医疗服务提供方的经济效益。二是按人头付费，即保险公司预付给医疗机构一定费用，在一定时期内，指定数量的投保人无论从该医疗机构接受多少医疗服务，保险公司都不再支付额外费用，这就迫使医疗机构加强对医疗成本的控制，防止过度医疗的出现。在这一模式下，医疗机构的利润按如下方式核算：利润 = 人头支付额 − 医疗服务费用。在人头支付额一定条件下，医疗机构要想增加利润，就需减少不必要的医疗费用支出，因此能够激励医疗人员合理安排医疗资源，尽量节省医疗费用支出。

（3）管理医疗服务质量

在 HMO 中，通过评估治疗方案，事先审查重大治疗方案等措施对医疗服务质量进行监督，同时也有利于减少不必要的治疗手段。此外，还通过遵守共同的操作规范以及管理药品目录等方法来减少操作不规范行为以降低成本。

凯撒医疗集团（Kaiser Permanente）是 HMO 的开创者，也是目前美国最大的 HMO（Porter，Kellogg M，2008）。凯撒医疗集团通过收取固定会费，预付给医疗服务提供方，为会员提供全周期、一站式的综合卫生保健服务，并注重对公众健康产生的实际效用和价值，是一种自负盈亏的整合型医疗服务模式。具体来说，凯撒医疗集团是三个实体（凯撒基金健康计划、凯撒医生集团、凯撒基金医院）采取闭环一体化方式管理运作的总称（梁园园等，2020）。其中，凯撒基金健康计划通过保险业务的预付费制度筹集资金，凯撒基金医院利用凯撒基金健康计划的资金建立社区医院，凯撒医生集团通过与凯撒医院谈判获取人头费、并负责提供医疗服务。这一模式将风险在整个经营系统中进行重新配置，即保险公司将医疗风险转移给医疗机构，激励其减少无效的医疗支出。如图 3 - 1 所示，"凯撒模式"通过"保险 + 实体医院"的一体化经营，保证保险资本能够控制医疗机构，从而控制风险以及进行精算医疗服务定价。其商业模式的盈利逻辑是通过控制医院诊疗费用来保障保险的利润。当然，这种一体化也意味着保险机构与医院在经营上风险共担、利润共享。作为管理式医疗的典型代表，"凯撒模式"在美国一直备受推崇。2009 年，时任美国总统奥巴马在推行全民医保时就多次提到："要是全美医疗机构都像凯撒医疗集团一样有效率，就不会出现今天的医疗费用危机。"

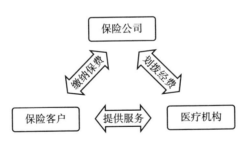

图 3 - 1　凯撒集团"保险 + 医疗"模式

资料来源：笔者根据凯撒集团案例整理。

除了 HMO 外，管理式医疗还有其他组织模式，如优先提供者组织（preferred provider organization，PPO）、定点服务计划（point serv-ice plans，POS）等，如表 3 - 1 所示。各种管理式医疗组织虽然形式不同，但基本理念和机制是相似的。在管理式医疗中，医疗保险机构通过定额预付制的收入机制，激励医疗机构主动减少非必要的医疗支出，并通过为会员提供健康管理服务来减少会员患病概率，节约医疗费用，同时也可以减少保险公司的赔付支出，从而试图达到这样一种效果：保险公司控制医疗赔付支出、医疗机构获得应有利益、被保险人获得低价优质的医疗服务，实现三方共赢。

表 3 - 1   美国管理式医疗组织模式

保险类型	保费	保险规则
健康维护组织 HMO	预付保费低	会员须提供家庭医生，在 HMO 内医疗机构就诊，享受较大比例保险
优先提供者组织 PPO	预付保费中等	自选式保险计划，PPO 保险公司通过与医院谈判获得优惠医疗价格以建立服务网络。会员可不通过家庭医生转诊，在网络内选择医生，报销比例大，或选择网络外医生，自费比例较高
定点服务计划 POS	预付保费较低	结合 HMO 和 PPO 的保险形式，它比 HMO 有更多的选择性，同时也比 PPO 的费用更低

资料来源：笔者根据相关资料归纳整理。

　　我国的医疗保障和医疗服务体系与美国有着很大的不同。美国的医疗保障是以商业健康保险为主，而我国则是社会医疗保险为主。美国的医疗服务主要由私人医疗机构提供，而我国的医疗服务主要由公立医院提供。因此，美国的管理式医疗保险不可能完全照搬到我国。此外，管理式医疗在控制过度医疗风险的同时，也易产生过少医疗的风险，这也是我们在借鉴这一模式时所要注意的。但是我们也应当看到，虽然在医疗保障和医疗服务的制度安排上我国与美国有很大不同，但在控制医疗费用过快上涨以及提高医疗服务效率上还是存在共同诉求的，特别是随着商业健康保险的发展，商业保险公司作为一个以盈利为目标的市场主体，始终存在控制健康保险赔付率的经营目标要求，因此美国"保险＋医疗"的管理式医疗保险模式的经验对于完善我国医疗保障体系、促进商业健康保险业创新商业模式、降低经营风险和提高经营效率具有一定的借鉴价值。

3.2 我国"保险＋医疗服务"商业模式的产生和发展

传统上，我国商业保险公司与医疗机构采取的是相对松散的定点合作模式。在这种合作方式中，商业保险公司往往处于比较被动的弱势地位，对保险客户和医疗机构"小病大治"的过度医疗风险缺乏充分的控制手段，导致健康保险赔付率长期偏高。据中国银保监会统计，2020年健康险赔付支出为2921亿元，占人身险赔付支出的42.0%，较2010年264亿元增长11.06倍，10年间复合增长率达24.4%。

近年来，借鉴美国管理式医疗模式，我国一些商业保险公司尝试进军医疗服务领域，通过合资共建、自建、控股、战略合作等方式投资经营实体医疗机构，积极探索"保险＋实体医疗"商业模式。同时在政策上，健康中国战略、医疗卫生体制改革、鼓励金融支持实体经济发展等一系列国家重大政策，都明确鼓励商业保险公司投资经营医疗机构，促进商业保险业与医疗服务业协同发展，相关政策如表3－2所示。

表 3 – 2　　　　　　　国家支持保险业参与经营医疗服务业的政策

发布时间	文件名称	政策要点
2010	《关于公立医院改革试点的指导意见》	支持鼓励保险公司探索投资医疗机构
2013	《国务院关于促进健康服务业发展的若干意见》	鼓励商业保险机构以出资新建、参与改制、托管、公办民营等多种形式投资医疗服务业；建立商业保险公司与医疗、体检、护理等机构合作的机制，加强对医疗行为的监督和对医疗费用的控制
2014	《国务院关于加快发展现代保险服务业的若干意见》	支持符合条件保险机构延伸健康产业链，以并购方式设立医疗机构，或者股权投资参与公立医院改革
2014	《国务院办公厅关于加快发展商业健康保险的若干意见》	发挥商业健康保险长期投资优势，鼓励商业保险机构遵循依法、稳健、安全原则，以出资新建等方式新办医疗、社区养老、健康体检等服务机构，承接商业保险有关服务
2016	《"健康中国 2030"规划纲要》	支持保险业投资、设立医疗机构，推动非公立医疗机构向高水平、规模化方向发展；促进商业保险公司与医疗、体检、护理等机构合作，发展健康管理组织
2017	《中国保监会关于保险业支持实体经济发展的指导意见》	发展多样化健康保险服务。支持保险资金参与医疗、养老和健康产业投资
2019	《关于促进社会办医持续健康规范发展的意见》	鼓励商业保险机构投资社会办医。鼓励商业保险机构与社会办医联合开发多样化、个性化健康保险产品，与基本医疗保险形成互补
2020	《关于促进社会服务领域商业保险发展的意见》	支持保险资金依规投资健康服务产业，允许商业保险机构有序投资设立中西医等医疗机构和康复、照护、医养结合等健康服务机构
2022	《"十四五"国民健康规划》	鼓励保险机构开展管理式医疗试点。这是国家层面的文件中首次提及保险机构的管理式医疗

资料来源：笔者根据相关资料整理。

在政策鼓励下，国内不少商业保险公司开始积极探索进军医疗服务业，组建"保险系医院"，打造"保险＋实体医疗"商业模式。综合来看，保险公司投资医疗机构，主要有两种方式：一是直接投资并拥有医疗机构，即保险公司出资自建医疗机构；二是投资参股现有医疗机构，通过股权合作构建"保险＋实体医疗"商业模式。

2010年10月，平安保险与深圳市龙岗区政府签署合作备忘录，以战略投资者身份投资龙岗中医院，并全权负责医院的日常管理，首创国内商业保险公司保险机构进入公立医院先例。平安保险此举力图将龙岗中医院建设成集医疗、康复、社区服务等功能为一体的三级甲等综合性医院，从而形成平安集团体检、门诊、线上和线下药房的医疗产业链，拓展健康保险的发展空间。但该项目进展并不顺利，双方最终在2012年9月合作终止。这一失败案例并没有阻止平安保险参与投资经营实体医疗服务的热情，2021年7月，平安人寿又通过债务重组方式入主债务缠身的北大方正集团，成为新方正集团的控股股东。平安控股方正集团的主要动机，就是看重方正集团旗下拥有国际一流的医学品牌、集中北大最优质医疗资源的北京大学国际医院，以获得最为稀缺且前沿的实体医院资源，进一步构建"保险＋实体医疗"商业模式，持续推动中国平安的医疗健康生态圈战略（王梅丽，2010；宋艳霞，2021）。

除了中国平安之外，国内其他大型商业保险集团近年来也积极通过投资、控股、收购、自建等方式参与实体医疗机构经营，构建自身的健康保险产业链。2015年泰康保险战略投资南京市仙林鼓楼医院，2016年仙林鼓楼医院正式挂牌南京大学医学院附属医院，并成立了四大诊疗中心——糖尿病中心、妇幼健康中心、运动医学中心、健康管理中心，汇集了一批在国内外各专科领域取得显著成就的专家团队，成为医教研一体化的高水平医院（李梦溪，2017）。2016 年 5 月阳光保险集团和山东潍坊市政府合作兴建三级大型综合医院——阳光融和医院，成为我国首家由保险公司与地方政府合作共建的非公立股份制医院。2015 年中国人寿投资参股香港康健国际医疗集团，2016 年注资潍坊中心医院。2019 年和 2021 年前海人寿分别全资兴建了前海人寿广州总医院和前海人寿广西医院。2018 年太平人寿与首都医疗集团进行战略合作。越来越多的商业保险公司参与投资经营医疗机构表明，"保险＋实体医疗"已经成为在商业保险业颇受青睐的一种新兴商业模式。

"保险＋实体医疗"无论是对于保险公司还是医疗机构而言，都产生了明显的"1＋1＞2"协同效应。以泰康保险投资建设的泰康仙林鼓楼医院为例，该医院不是一个单独的医院，而是泰康"保险＋医疗"网络的一个节点。以此为基础，泰康保险进一步筹划社区的中高端家庭医生诊所，并托管和管理社区医院，以实现"基层首诊、双向转诊、急慢分治、上下联动"。在布局医疗网络的同时，泰康引进现代化医院管理体系，通过强大的信息系统、绩效考核和管理协调，保证医疗质量，实现运行效果最大化。具体来说，就是提高物流运转效率，建立强大供应链系统，变更医院内部护理服务模式，让医生将更多时间用于临床实践（李梦溪，2017）。在利用资源方面，泰康拥有巨大的保险客户优势，可依托保险公司让医院成为健康保险的风险管理核心环节。在保险产品创新方面，虽然目前大部分城镇职工都有医保，但是医疗服务中自费比例还是过高。泰康集团从此处着手，积极开发如住院津贴保险等可覆盖自费部分的保险产品，促进医院诊疗、健康管理和保险产品充分融合。此外，泰康仙林鼓楼医院开设医险结合的"健保通"服务，入保客户到医院可直接通过绿色通道就诊，并享受"直付理赔"服务,与医院直接结算费用。随着客户不断增加,医院和保险公司均可做大平台,实现共赢。基于"保险 + 实体医疗"的商业模式,泰康保险已逐步形成"区域性国际医疗中心 + 社区配建康复医院 + 参股特定医疗机构资源"的三层次医养战略布局(卢晓平,2016)。

3.3 基于特征交易模型的"保险 + 实体医疗"商业模式分析

3.3.1 "保险 + 实体医疗"商业模式的价值主张

针对行业存在的"痛点",洞察识别潜在的商业机会,提炼出富含新商业价值的价值主张,是商业模式创新的首要一步。"保险 + 实体医疗"商业模式正是针对我国商业健康保险业在快速发展过程中产生的若干"痛点",创新价值主张,提炼新的商业价值。

近年来我国商业健康保险发展迅速,2020 年健康险保费突破7000 亿元,普华永道会计师事务所预计到 2030 年商业健康保险保费收入将达 4 万亿元(周星,2021)。虽然发展速度较快,但是商业健康保险也一直存在若干制约行业进一步发展的瓶颈:

(1)重疾险"一险独大"

按产品种类划分,商业健康保险产品一般分为健康保险(疾病保险、医疗保险、护理保险、失能收入损失保险)和医疗意外保险。目前重疾险在商业健康保险中"一险独大",2016 ~ 2019 年,疾病保占商业健康保险保费收入的比例由 42% 升至 66%，其中九成以上来自重疾险。截至 2019 年 9 月，我国人身险公司在售的健康保险产品中，疾病保险比例约占 54%，医疗保险占 43%，护理保险和失能保险仅占 3%（宋艳霞，2020）。重疾险"一险独大"与商业健康保险尚未紧密衔接医疗健康生态有直接关系。医疗费用补偿型商业健康保险需要和医疗行业生态紧密结合，在医疗费用审核及对医疗服务供应方管理方面难度较大。重疾险则以诊断为触发机制给付受益人固定的金额，赔付过程相对独立于医疗行业生态，管理过程相对简单，在高保费支撑线下其代理人销售成本与寿险代理人销售模式几乎相同。因此，在大部分商业保险公司都没有建立对医疗服务有效管控机制的状况下，自然倾向选择相对简单的重疾险起步经营商业健康保险。

（2）商业健康保险占比低

据中国银保监会统计，2018 年我国商业健康保险占人身保险原保费收入比例仅为 20%，远低于寿险等其他人身保险品种（谭乐之，2019）。导致健康保险保费规模小的原因主要有：一是商业健康保险与社会医疗保险差异化程度不明显，除了为客户多增加一些医疗赔付保障外，没有带来更多增值服务，抑制了消费者购买意愿。二是获得保险客户成本高。长期以来，商业健康保险采取渠道导向的营销模式，即健康保险营销渠道只负责销售商业健康保险，客户信息无法在不同渠道间共享，保险客户也被人为割裂为各个渠道的客户，无法实现范围经济，增加了获得潜在客户资源的成本。

（3）医疗费用可控度差

商业保险公司在与公立医疗机构的合作中处于相对的弱势，缺乏对医疗过程有效监管的手段，对医疗费用的过快上涨缺乏必要控制力。

（4）赔付率高

保险公司和医院之间医疗数据系统相互隔离，保险公司无法有效监控医疗费用支出的合理性，导致商业健康保险赔付率一直处于较高水平。

针对上述"痛点"，商业保险公司试图通过"保险 + 实体医疗"商业模式创新，突破自身发展瓶颈，创新价值主张，提炼新的商业价值，主要包括：

（1）客户价值

传统商业健康保险主要为客户提供补充性医疗保障，"保险 + 实体医疗"商业模式则试图在补充性医疗保障之外，增加一些新的客户价值，主要体现为：

①为保险客户提供一站式、多样化、整合式的健康服务。传统健康保险理论认为，人们购买健康保险的目的就是患病时能得到医疗费用补偿。现代健康保险理念则认为获得医疗费用补偿只是消费者购买健康保险的价值诉求之一，除此之外，消费者还希望通过参与健康保险，获得从健康管理、诊疗、购买药品到康复护理的一系列健康服务。商业健康保险要想满足消费者新的一揽子健康服务需求，就需要与医疗机构深度合作，设计出既包含医疗保障功能又包含多样化、个性化健康服务功能的商业健康保险产品，减少客户寻医问诊、购药、健康管理所产生的各种成本和风险，为客户提供一站式、多样化、整合式的健康服务。以 2022 年中国人寿推出的"国寿爱意康悦医疗保险"系列产品为例，该保险产品融合"医疗保障 + 健康服务"理念，为客户提供五项责任保障及七种专属健康服务。其中，五项责任保障包括：提供一般医疗费用保险金（年限额 100 万元）、重大疾病医疗费用保险金（年限额 120 万元）、院外特定药品费用保险金、质子重

离子放射治疗医疗费用保险金、CAR－T医学治疗医疗费用保险金五项保险责任（后三项责任合计限额为300万元），有效补充传统医疗险保额不足、保障力度不够的痛点。七项贴心服务包括：住院医疗（院内）费用垫付服务、CAR－T免疫细胞疗法全流程就医协助服务、特药直付全流程服务、恶性肿瘤多学科多专家会诊服务、全球找特药服务、海南博鳌乐城国际医疗先行区就医绿通服务、肿瘤新特药临床试验申请服务。"国寿爱意康悦医疗保险"系列产品不仅能为客户提供丰富的医疗保险保障，更融合了尖端诊疗技术和各类专属服务，让保险客户能实实在在享受到与健康保障相衔接的高品质医疗服务。一份保单，多管齐下，既解决客户医疗费用问题，又解决了客户的就医渠道问题和医疗资源问题，搭建起全维度服务生态。

②提高保险客户健康水平，减少客户医疗支出。在与医疗机构深度合作基础上，商业保险公司可以为客户提供个性化的私人医生服务。私人医生为客户提供一系列健康咨询、健康干预服务，尽可能地减少客户发生疾病，有利于减少客户医疗开支。同时，商业保险公司可在所控制的医疗机构实施管理式医疗，管控过度医疗风险，在减少保险公司不必要的保险理赔支出的同时，也有助于减少客户不必要的医疗费用支出。

③提供个性化健康服务，改善客户的保险服务体验。在"保险＋实体医疗"商业模式中，保险公司可与医疗机构合作为客户提供更为方便的服务，改善客户体验，如一些保险公司推出的"直赔式"医疗保险服务，即客户在保险公司开办的医疗机构就医，不必采取传统垫付方式（客户先支付医疗费用，再找保险公司理赔报销），而是客户完成治疗后只需签字，由保险公司和医疗机构完成赔付结算，节省了客户报销的时间成本，提高就医效率，改善了客户的就医体验。保柏

环球（Bupa Global）发布的《2021年高净值人群身心健康调研报告》显示，73%的高净值人群表示希望医疗保险公司为他们提供个性化的全面身心健康支持以及从医疗健康保障上获得个性化服务，比如专属的私人客户经理，不仅了解客户家庭成员的特殊需求和生活方式，还可以帮助管理客户的相关保险条例，如医疗预约安排、一站式服务、联系全球医疗设备的使用，以及提供医疗保健商的包括私人化、高机密性的入院程序等专属服务。越来越多的高收入群体渴望更加全面平衡的身心健康状态，发挥个人潜能，在拥有健康的身体和心态之外，还能感受到自身与其他人和社区的互动。

（2）合作伙伴价值

在"保险+实体医疗"商业模式中，民营医院等非公立社会办医机构是保险公司主要的商业合作伙伴。通过与资本雄厚的保险公司合作，社会办医机构可以解决自身资本实力弱、品牌信誉度低、规模小、客流不稳定、人才匮乏、医疗水平低等缺陷，提升医疗服务规模和水平。如阳光融和医院作为国内首家由保险企业控股的综合性医院，凭借阳光保险强大资本实力，全面推进数字化，开发引进上线医院信息系统（HIS）、实验室信息系统（LIS）、医学影像系统（PACS）、远程诊疗系统（RIS）等43个子系统，并于2019年通过代表国际医疗信息化最高标准的HIMSS7评级，这种医疗条件和医疗水平是一般民营医院难以企及的。与商业保险公司合作是未来民营医院提升自身竞争力和企业价值的一个重要途径。

（3）企业战略价值

构建"保险+实体医疗"商业模式不仅可以为保险客户和医疗机构创造新的商业价值，而且也会为商业保险公司自身增加诸多战略价值，解决商业健康保险长期存在的一些"痛点"，具体来说主要体现在以下几个方面：

①提升商业保险公司医疗费用赔付支出控制能力。赔付率高是商业健康保险的最大"痛点"，从产生动机上看，我国的"保险＋实体医疗"商业模式与美国管理式医疗相似，主要是力图减少医疗机构或保险客户"过度医疗"的道德风险，降低医疗费用赔付率。健康保险与一般人寿保险最大的区别在于纳入了第三方医疗服务提供者，保险公司、医疗机构、被保险人三者之间由于信息不对称产生的逆向选择、道德风险更为复杂多样。特别是在我国，商业健康保险公司的主要合作医疗机构一直以公立医院为主，而大型综合公立医院一般"人满为患"，对商业保险公司的客户资源依赖性较弱，从而导致商业保险公司很难利用客户资源对公立医院形成必要的控制力，商业健康保险公司在与公立医院的医保博弈中处于相对被动和弱势的地位，特别是保险公司缺乏医疗领域的专业人才，无法对医院的诊疗流程、医疗费用的合规性进行有效的监督，容易引发"过度医疗"的道德风险，导致商业健康保险赔付率一直较高，这是商业健康保险业面临的主要经营风险。在"保险＋实体医疗"商业模式中，商业保险公司取得了对医疗机构的实际控制权，通过医疗费用预付制等机制，形成控制不必要医疗费用开支的激励机制。同时，为了降低医疗费用赔付率，商业保险公司还会要求医疗机构对保险客户的健康状况随时进行跟踪、干预，对于疾病做到早发现、早治疗，在提升保险客户健康水平的同时，也降低了医疗费用赔付支出。

②获取保险业赖以生存的客户健康大数据。商业健康保险最重要的专业能力是产品精算定价和风险管控能力，这需要大量的医疗数据如疾病发生数据、医疗费用数据等。与传统寿险产品仅需生命周期表便可完成精算不同，健康保险需要包括客户遗传病、既往病史、个人

生活习惯等全方位的健康数据，设计难度更大。医疗技术的发展，疾病诊断率和治愈率的提高以及新病种的产生，都可能造成商业健康保险公司由于缺乏基础数据而出现产品定价风险，降低保险公司的风控能力。

在"保险＋实体医疗"商业模式中，保险公司可共享医疗机构掌握的客户健康数据，消除保险公司与医疗机构之间的数据壁垒，获得客户健康大数据。健康保险的内在逻辑就是基于健康数据的，有了数据，才能了解客户。一方面为设计开发新的健康保险产品应用场景提供海量数据支持，在健康保险产品端不断推陈出新；另一方面可根据健康数据所显示的客户不同健康状况有针对性地向客户销售适合的保险产品，实现精准营销，减少保险公司与客户之间的逆向选择风险；大数据还有利于解决效率问题，传统健康保险经营成本高、效率低，在信息互通、数据连接之后，可通过流程再造改善管理和服务效率。

③为产品创新提供实体医疗支持。未来商业健康保险市场的发展方向是从重疾险"一险独大"向健康保险产品多样化转变。其中，预防性保险产品将受到中等收入人群的广泛欢迎；护理保险产品将逐渐成为老年人群体的刚性需求；健康保险与养老保险混合型产品将随着医养结合服务的发展获得更大的市场空间。上述产品创新需要商业保险公司具备为保险客户提供相应医疗服务、健康管理服务、长期护理服务、医养结合服务的能力，而这些服务能力的培育都有赖于"保险＋实体医疗"商业模式中实体医疗机构的强有力支持。

④构建"保险＋健康服务"商业生态圈。"保险＋健康服务"商业生态圈是指保险、医疗服务、健康管理、健康养老基于互利共生关系形成的商业生态系统。目前，许多大型商业保险公司都将构建"保险＋健康服务"商业生态圈作为企业重要发展战略。构建"保险＋健

康服务"商业生态圈的关键一环是商业保险公司要能够控制一定数量的优质医疗资源，依托优质的医疗服务资源，商业健康保险公司才有能力实施管理式医疗，布局互联网医疗，为客户提供高质量健康管理服务，以及为保险养老社区提供高端医养结合服务等等。总之，拥有一定的高水平实体医疗机构是构建"保险＋健康服务"商业生态圈的重要基础，离开医疗机构的有效支撑，"保险＋健康服务"商业生态圈难以形成稳固的核心竞争力。

3.3.2 "保险＋实体医疗"商业模式的特征交易型经营网络

"保险＋实体医疗"商业模式需要通过其经营网络来实现各种价值主张的价值创造，这就需要重塑传统商业健康保险以产品开发、销售、核保、理赔为核心的业务流程以及由此形成的经营网络。

图3－2所示的传统商业健康保险经营网络主要包括三个环节：商业健康保险内部价值链、与商业健康保险公司定点合作的外部医疗机构以及购买保险产品的保险客户。其中，商业健康保险价值链主要由基础活动和支持性活动组成。基础活动主要包括投保、核保、理赔三个价值环节。投保是指保险代理人寻找客源，确定有投保意向的客户，投保环节主要创造保费收入。核保是指保险公司专业人员对投保人的申请进行风险评估，决定是否接受这一风险，并在决定接受风险的情况下，决定承保的条件，包括使用的条款和附加条款、确定费率和免赔额等。核保环节主要是尽量降低客户的逆向选择风险，减少潜在的不合规的理赔支出。理赔是指保险客户在患病接受医疗服务后，保险公司对客户的医疗费用进行一定赔付的过程。支持性活动主要包

括保险产品设计研发等环节。

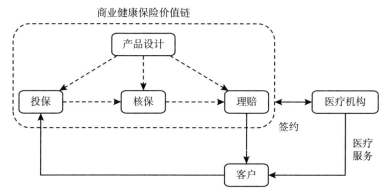

图 3 - 2   传统健康保险的开环经营网络

商业保险公司与医疗机构之间基于市场治理的交易行为构成了传统商业健康保险经营网络的"特征交易",其主要特点是:二者的交易存在严重的信息不对称,商业保险公司对医疗费用支出的合理性缺乏必要的信息,而医疗机构则充分掌握这一信息。医疗机构可利用信息优势实施"过度医疗"行为,损害商业保险公司的利益,而商业保险公司在双方的交易中处于相对被动地位,缺乏必要手段对"过度医疗"进行有效控制。上述特征交易模式也使传统商业健康保险经营网络具有开环特征,主要表现在:①资金流开环。客户缴纳的保费由保险公司向医疗机构单向流动,医疗机构的医疗收入构成了保险赔付支出成本,但保险公司对作为赔付成本的医疗费用缺乏有效控制,易产生过度医疗风险,增加了保险公司理赔率。②信息流开环。医疗机构在医疗过程中会收集到客户大量的健康数据,但这些健康数据没有回流到保险公司,为保险公司产品设计、健康保险费率精准厘定提供数据支持。③服务流开环。医疗保障服务与医疗服务相互独立、缺乏协调性和兼容性，容易导致保险公司与医疗机构在某些病种界定上难以达成一致标准，从而影响了保险产品的精准设计，这也是导致目前我国商业健康保险潜在需求大但实际规模小的原因之一。同时，医疗保障服务与医疗服务相互独立也不利于在健康保险产品嵌入健康管理、健康养老等其他健康相关服务，无法适应保险客户一站式、整合式、多元化的服务性需求增长趋势。

与传统商业健康保险经营网络相比，"保险＋实体医疗"商业模式经营网络的创新点在于保险公司通过战略合作、控股、收购、自建等方式与医疗机构建立深度医保合作关系或取得对医疗机构的实际控制权，从而可以在一定程度上将原来处于商业健康保险价值链外的实体医疗机构内部化，成为健康保险价值链的一个新环节。"保险＋实体医疗"商业模式经营网络的具体构建模式主要包括四种类型（方有恒，2008）：

（1）协议合作模式。即由一家保险公司结合自身健康保险业务，选择一些医院达成合作协议，独自建立医保合作体系，或由多家保险公司共同建立医疗合作体系，通过成立一个代表保险公司的代理机构进行管理，选择合适的医疗机构作为保险服务的定点医院，并负责保险公司与医院之间的协调沟通。理论上，在协议合作型模式中，商业保险公司通过与医院签订协议介入保险客户的治疗过程，从而对医疗行为的规范性进行有效干预，这种模式发挥作用的前提是医保双方都能从合作中获得收益，但是在我国以公立医院为主的医疗体系中，双方合作共赢的博弈均衡难以形成，原因在于公立医院无论是在患者资源、资金支持等方面并不依赖商业保险公司，因此在双方的合作博弈中处于占优地位，商业保险公司无法对合作医院的医疗行为进行有效约束，导致这种模式在我国很难有发展的现实空间。

（2）收购自建模式。即保险公司通过投资建立自己的医院，或者收购具有一定规模和声誉影响力的医疗机构，从而获得对医疗机构的实际控制权。通过收购医疗机构或者自建医院的方式是目前商业保险公司构建"保险＋实体医疗"经营网络的主要方式。该模式的优点是商业保险公司可以顺利获取对医疗机构的实际控制权，从而避免了在控制医疗费用、获取健康数据等方面与医疗机构之间的反复博弈。但是该模式一方面需要投入大量资本，商业保险公司需要承担巨大的资金压力，另一方面医疗和保险毕竟属于两个行业，医保双方在运行机制、经营文化、目标函数上存在较大差异，存在高昂的整合成本和整合失败的风险。此外，如果一旦医疗机构经营不善，产生亏损，商业保险公司将背负巨大的财务负担。

（3）股权合作模式。即商业保险公司通过参股或者控股的方式介入医疗机构的改革中，参股控股的对象一般是地方性医院、中小型医院、专科医院等。与并购或者自建医疗机构相比，股权合作模式需要的资金量较小，比较适合规模不大的保险公司。但这一模式仍然面临双方的经营整合问题，因为商业保险公司持股医疗机构的目的不是获取财务性的投资收益，而是取得对医疗机构的实际控制权或者形成双方基于股权的医保合作机制，以解决保险控费、获取医疗数据等保险难题，这样商业保险公司就不可能只是简单地对医疗机构持股，而需要直接参与到实际的医疗服务和医疗管理过程中，而这又以医保双方的深度整合为前提。此外，由于我国的优质医疗资源特别是医生资源集中在大型公立医院，而对大型公立医院的收购无论是在体制上、政策上都存在诸多的政策壁垒，大型公立医院自身一般也缺乏与商业保险公司合并的动机，因此股权合作模式的可行范围并不是很大。实际上，我国最早的商业保险共生进军医疗服务领域的案例就是 2010 年平安保险战略投资深圳龙岗中医院，但此次股权合作很快失败也表明了股权合作模式的局限性（王梅丽，2010；宋艳霞，2021）。

综上所述，无论哪一种医保合作模式，构建"保险＋实体医疗"商业模式经营网络的成功关键应是商业保险公司取得对医疗机构的实际控制权，从而能够对医疗机构的经营行为进行纵向控制，这与美国管理式医疗的组织模式比较相似。由于商业保险公司对医疗机构实施了某种形式的纵向控制，从而重构了保险公司与医疗机构之间的特征交易，即由原来的市场交易关系转变为纵向控制关系：商业保险公司不再被动地赔付医疗费用支出，而是基于对医疗机构的控制权，通过预付制、医疗过程评估等手段主动地控制医疗费用支出，同时也可以主动掌握医疗过程信息和客户健康数据。围绕新的基于纵向控制的商业保险公司与医疗机构之间的特征交易，形成了新的"保险＋实体医疗"经营网络，如图3－3所示。

与传统商业健康保险开环经营网络相比，"保险＋实体医疗"经营网络具有更多闭环的特点，主要体现在：①资金闭环。在"保险＋实体医疗"经营网络中，医疗机构相当于保险公司控制的一个子机构，在预付制下，医疗机构收入来自保险公司预先支付的定额预算，而医疗费用则由收入项目变为成本项目，这样减少不必要的医疗费用就成为保险公司与医疗机构共同的成本控制目标，再加上保险公司基于实际控制权可以对医疗机构进行主动的医疗监督，从而会有效遏制过度医疗风险，减少保险赔付支出。当然，如果医疗费用削减过度也会产生"过少医疗"问题，降低医疗质量，但这会引起客户流失问题，进而减少保费收入。这样就可在控制医疗费用与避免客户流失之间建立一定相互制衡的负反馈机制，在控制保险赔付支出成本的同时保证医疗质量。②数据闭环。在"保险＋实体医疗"经营网络中，保险公司的产品设计、核保等部门可以实现与医疗机构共享客户的保险信息、健康数据、健康信息数据。这样，一方面保险公司可对来自于医疗机构的病历、处方、费用发生额等数据进行分析处理，在费率厘定方面可以减少偏差，最小化定价风险，在产品设计方面推出适合客户需求的健康保险产品，在核保方面减少客户逆向选择风险，在产品营销方面依据客户的健康数据向客户推荐最合适的健康保险产品，实现精准营销。另一方面，医疗机构也可利用保险公司的投保人信息、险种结构的变化等数据信息进行服务创新、为客户提供个性化医疗服务提供依据。③服务闭环。在"保险 + 实体医疗"经营网络中，客户所需的医疗保障服务、医疗服务、健康管理服务等等不是由保险公司和医疗机构分别独立提供，而是由相互深度合作的"保险 + 医疗"一体化组织整合提供，从而实现服务闭环。服务闭环可以形成三种形式的共享机制：一是服务共享，即在健康保险产品设计上可以将医疗保障服务与健康管理服务、诊疗服务通过各种组合形式整合在同一健康保险产品，使客户购买一只健康保险产品就可以获得"一篮子"健康服务。二是人力资源共享。一方面，保险公司可利用医疗机构专业技术人员协同开发各种健康保险产品，使开发出的健康保险产品满足疾病谱的变化及诊疗标准和诊疗规范。另一方面，医疗机构可利用保险公司的风险管理专家协助制定医疗风险管理方案。三是客户资源共享。一方面，医疗机构通过成为保险公司旗下医院，或者将医疗机构的特定服务嵌入保险产品，使得保险客户成为医疗机构的客源。另一方面，医疗机构也可以在诊疗过程中捕捉病人潜在的保险需求作为潜在客户资源提供给保险公司。

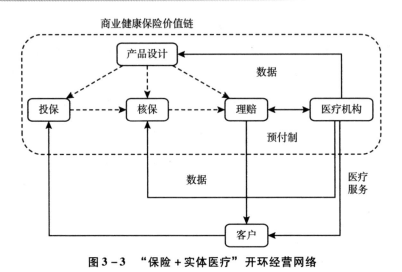

图3-3 "保险+实体医疗"开环经营网络

3.3.3 "保险+实体医疗"商业模式的盈利逻辑

近年来商业健康保险发展很快,但盈利能力较弱,表明商业健康保险的盈利模式存在很多问题。从收入上看,在商业健康保险四大类产品中,重疾险和医疗费用补偿保险分别贡献商业健康保险保费收入的2/3和1/3,护理险和失能收入损失保险的保费贡献率还非常小,如图3-4所示,其主要原因在于重疾险相对独立于医疗行业生态,在医疗费用审核以及对医疗服务管理方面难度小,但重疾险在降低医疗管理难度的同时,也失去了通过健康风险改善、医疗费用控制和医疗行为管理等环节创造新盈利机会的可能性(蒋冠军、黄芹芹,2019)。

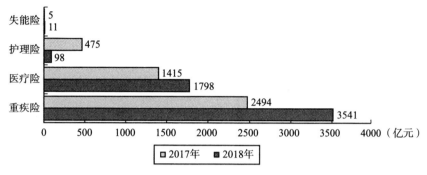

图3-4 健康保险不同险种保费收入

资料来源：蒋冠军，黄芹芹．新型健康险面临角色转换［N］．中国银行保险报．2019-11-5.

"保险+实体医疗"商业模式改变了以往商业健康保险过度依赖重疾险的盈利逻辑，同时也为将医疗保险、长期护理保险等其他健康保险产品开辟为商业健康保险新的盈利增长点提供了可能。"保险+实体医疗"商业模式的盈利逻辑可归纳为如下几点：

（1）降低赔付率

赔付率高是导致商业健康保险盈利能力弱的主要原因。商业健康保险赔付率主要取决于两个指标：一是保险客户的患病概率，二是保险客户的就医费用。保险客户的患病概率越大，就医费用越高，保险公司的理赔支出就越高，利润就越少。因此，如何控制和降低保险客户的患病概率和不必要的医疗费用，就成为降低商业健康保险赔付率的关键。

影响保险客户患病概率的风险因素来源于两个方面：一是保险客户的逆向选择风险，即在信息不对称情况下，健康风险越高的消费者越倾向购买商业健康保险，从而提高了健康保险客户群的整体患病率；二是保险客户缺乏健康管理产生的健康风险，即保险客户由于缺乏预防疾病的日常健康干预，导致患病概率增加。在"保险＋实体医疗"商业模式中，保险公司可基于与医疗机构的健康数据共享，更全面地掌握客户和潜在客户的健康信息，从而更精准地对客户进行筛选和分类，根据客户不同的健康状况，设计和提供针对客户健康需求的保险产品，降低逆向选择导致的客户患病概率。同时，通过旗下医疗机构或健康管理师对客户健康状况的及时健康跟踪和干预，预防疾病发生，降低客户患病概率。

影响保险客户就医费用的因素主要来自医疗机构的过度医疗风险。在"保险＋实体医疗"商业模式中，保险公司可对旗下医疗机构实施管理式医疗，严格防范过度医疗风险，减少不必要的理赔支出：一是采用定额预付制付费方式，激励医生主动控制医疗费用。二是进行就医审查，定期对保险客户就医记录行审查对比，发现异常情况立即与医生沟通。三是实施行医指南制度，行医指南是由医疗机构与保险公司共同制定的行医指导文献，行医指南对各种病症的治疗方案、操作规范以及药品目录进行评估，对治疗结果进行预期，直接指导医生在诊断治疗等行医过程中采取的流程、标准和判断。保险公司会要求医生按照行医指南制订医疗方案，尽量使诊疗过程标准化，以减少不规范、不必要的医疗行为，降低医疗成本。

总之，在"保险＋实体医疗"商业模式中，保险公司通过与医疗机构共享健康数据，实现精准营销，减少客户逆向选择风险，通过健康干预减少客户健康的道德风险，从而降低客户患病概率，进而降低健康保险赔付率。此外，通过医疗费用预付制、就医审查、就医指南等手段降低医疗机构过度医疗风险，减少赔付费用。通过这些措施就可以大力降低健康保险赔付率，赔付率降低了，保险公司的成本就得到控制，也就意味着盈利能力的提升，这就是降低赔付率，实施成本

控制的盈利逻辑。

（2）扩大客户规模

无论是对于保险公司还是医疗机构，扩大客户规模意味着经营收入的增加，从而可以进一步增加利润，这就是扩大客户规模的盈利逻辑。在"保险 + 实体医疗"商业模式中，保险公司通过与医疗机构合作，可设计销售包含医疗保障、健康管理和医疗服务在内的多功能健康保险产品，相比于只具有医疗保障功能的单一功能的传统健康保险产品更有吸引力，会吸引更多消费者购买健康保险，从而扩大保险客户规模。而作为保险公司合作伙伴的医疗机构特别是民营医院等非公医疗机构通过与保险公司合作，借助保险公司雄厚的资本实力提升医疗水平，发展成为擅长某些疾病治疗的高水平学术型医院或提供公立医院不十分擅长的康复护理服务，反过来又会吸引更多消费者购买包含相关医疗服务的商业健康保险产品，同时也会进一步增加医疗机构的客户规模。

（3）拓展收入来源

"保险 + 实体医疗"商业模式实现了保险与医疗的协同效应，将极大促进医疗费用补偿保险和长期护理保险的发展，改变重疾险一险独大的局面，进一步扩展商业健康保险产品线，增加商业健康保险的收入来源和保费规模。此外，"保险系医院"的医疗收入在一定条件下也会增加作为股东的保险公司的收入。"保险系医院"提供的健康管理服务和长期护理服务作为保险产品价格的新增部分也会为保险公司带来新的收入。

当然，"保险 + 实体医疗"商业模式创新也存在一些风险，主要体现在两个方面。首先，健康保险业务对医疗通胀和发病率较为敏感。医疗资源市场动态变化、医疗技术创新以及公众发病率变化，都可能对保险公司的承保环境构成挑战。采用新模式可以缓解但不会消除此类风险。其次，保险公司直接投资实体医疗机构会导致高额投资，保险公司在实体医疗设施上直接投资成本巨大，运营收益低，房地产开发和雇用专业医务人员成本高。此类资产还面临着投资回收期长、房地产市场波动和监管风险。在资金和成本投入上，协议合作模式的负担一般较轻，但潜在的管理不善可能会导致声誉甚至合规风险。

参考文献：

[1] 方有恒. 论保险公司与医疗机构合作模式 [J]. 工业技术经济，2008（4）.

[2] 蒋冠军、黄芹芹. 新型健康险面临角色转换 [N]. 中国银行保险报，2019 - 11 - 5.

[3] 李梦溪. 保险资金联姻医疗产业：盘活健康这局棋 [N]. 中国银行保险报，2017 - 06 - 28.

[4] 梁园园等. 美国凯撒医疗集团服务模式对我国医联体建设的启示 [J]. 卫生经济研究，2020（11）.

[5] 卢晓平. 泰康全面布局大健康生态 [N]. 上海证券报，2016 - 02 - 02.

[6] 宋艳霞. 不低于 370 亿元参与方正集团重整　平安加速构建医疗健康生态圈 [N]. 中国银行保险报，2021 - 05 - 06.

[7] 宋艳霞. 健康保险发展成效与展望 [J]. 中国金融，2020（24）.

[8] 谭乐之. 健康险五大问题亟待解决 [N]. 中国银行保险报，2019 - 06 - 19.

[9] 王丽梅. 平安率先突破：首入公立医院 [N]. 南方都市报，

2010 – 10 – 15.

[10] 詹姆斯·亨德森. 健康经济学（第 2 版）[M]. 向运华等译. 北京：人民邮电出版社, 2008.

[11] 周星. 中国市场：保险与医疗的"合"与"不合"[J]. 上海保险, 2021（4）.

[12] Porter M, Kellogg M. Kaiser Permanente：an integrated health care experience [J]. Revista de Innovación Sanitariay Atención Integrada, 2008（1）：1 – 8.

第 4 章

"保险 + 互联网医疗" 商业模式

"保险 + 互联网医疗"是在互联网医疗基础上构建的一种"保险 + 健康服务"商业模式,商业保险公司通过参与经营互联网医疗,为客户提供线上诊疗和线上健康管理服务,以实现提升客户健康水平、拓展保险市场空间与控制健康保险风险的多重目标。

4.1 "保险 + 互联网医疗" 商业模式的产生与发展

"保险 + 互联网医疗"商业模式是在互联网医疗基础上的商业模式创新,探讨"保险 + 互联网医疗"商业模式的价值逻辑首先要了解什么是互联网医疗。

4.1.1 互联网医疗

互联网医疗是指由医疗机构和具有医疗资质的人员通过通信、计算机等信息化手段提供的一定范围内的医疗卫生服务,是网络信息技术在医疗领域的新应用（方朋骞等，2016），具体包括网络健康教育、医疗健康信息查询、在线疾病风险评估和疾病诊疗咨询、网上就诊预约、网上或远程医疗服务、线上医疗支付、电子处方、在线健康监测、慢性病管理、康复指导以及由互联网医院提供的多种形式的医疗健康相关服务等（周洲，买淑鹏，2016）。可见，互联网医疗既包括互联网诊疗也包括互联网健康管理，但重点是互联网健康管理。

什么是健康管理？按照 2007 年原劳动和社会保障部颁布的《健康管理师（国家职业标准）》中的定义，健康管理是对个体或群体的健康进行监测、分析、评估，提供健康咨询和指导以及对健康风险因素进行干预的全过程，其核心是检测、评估、干预、跟踪四大要素。拓展健康管理是商业健康保险公司战略转型的重要方向，按照 2020 年银保监会《关于规范保险公司健康管理服务的通知》，保险公司提供的健康管理服务，是指对客户健康进行监测、分析和评估，对健康危险因素进行干预，控制疾病发生、发展，保持健康状态的行为，包括健康体检、健康咨询、健康促进、疾病预防、慢性病管理、就医服务、康复护理七大方面。按照服务方式不同，还可以将健康管理服务分为五大类，即内容服务、工具服务、咨询服务、干预服务和数据服务。内容服务和咨询服务负责为客户提供健康管理信息；干预服务负责健康管理方案的沟通与执行；数据服务为客户建立专业的健康档案，记录检查、疾病、医疗等信息；工具服务指开发专业健康设备以及设计健康管理程序。

按照《互联网诊疗管理办法（试行）》，互联网诊疗是指医疗机构利用在本机构注册的医师，通过互联网等信息技术开展部分常见病、慢性病复诊和"互联网 +"家庭医生签约服务。而互联网健康管理则是基于互联网平台开展的健康体检、健康咨询、健康促进、疾病预防、慢性病管理、就医服务、康复护理等健康管理服务。互联网医疗的发展使更多产业跨界融合，极大促进了健康服务业商业模式的创新。

近年来，国家在政策上积极鼓励发展互联网医疗。《健康中国2030 规划纲要》首次将互联网医院提到国家战略层面。2018 年 4 月，国务院办公厅发布《关于促进"互联网 + 医疗健康"发展的意见》，提出了积极发展互联网医疗的指导意见和主要任务。2018 年 7 月，国家卫健委、国家中医药管理局同时发布《互联网诊疗管理办法（试行）》《互联网医院管理办法（试行）》《远程医疗服务管理规范（试行）》三个文件，进一步对互联网医疗的合理合规经营提出了具体的规范性要求。

在国家政策的大力推动下，近年来我国互联网医疗发展十分迅速。2009 年我国互联网医疗开始起步，当时的互联网医疗主要是以互联网医疗广告、互联网医疗信息搜索等基于计算机（PC）端的互联网服务为主。从 2010 年开始，春雨医生、好大夫在线、快速问医等以线上健康咨询为主的移动医疗如雨后春笋般快速成长（见表 4 - 1）。随着医疗咨询市场进入成熟阶段，某些医疗咨询细分领域开始迅速发展，尤以糖尿病健康管理为发展重点，围绕糖尿病人群的运动、饮食、知识教育、监测、用药，糖护士、糖大夫等糖尿病健康管理网开始争夺糖尿病市场。2016 年，以科技为中心的互联网健康管理企业如第四范式、碳云智能、推想科技，以及围绕医院端患者病例管理的医院信息系统（HIS）、医学影像系统（PACS）逐渐起步。从 2015 年开始，以微医为起点的乌镇互联网医院以及银川互联网医院发展迅速，微医、好大夫、春雨医生等 17 家互联网医疗企业先后进驻银川智慧互联网医院基地。2017 年京东互联网医院正式上线。2018 年，平安好医生成为首家 IPO 互联网医疗企业，企鹅杏仁等新型诊所诞生。智慧医疗、医院、医药、保险融合发展，医渡云、零氪科技、云势软件、森亿智能、第四范式、碳云智能、秒健康等大数据公司快速崛起，互联网医疗商业模式创新的日益丰富。国内知名电商智库网经社电子商务研究中心发布的《2019 年度中国互联网医疗市场数据报告》显示，2019 年中国互联网医疗市场交易规模约 1044 亿元人民币，同比增长 41.46%；用户数约为 4.66 亿人，同比增长 39.52%。2019 年互联网医疗"独角兽"有 9 家，分别是京东健康（71 亿美元）、微医（55 亿美元）、好大夫在线（15.38 亿美元）、春雨医生（11.08 亿美元）、妙手医生（10.77 亿美元）、禾连健康（10 亿美元）、七乐康（10 亿美元）、企鹅杏仁（10 亿美元）以及丁香园（10 亿美元），以上平台总估值达 203.33 亿美元。

表 4 - 1　　　　　　　　2010～2020 年度中国互联网医疗产业

年度	细分行业	代表企业
2010～2013	移动医疗	春雨医生、好大夫在线、微医
2014	医生集团	张强医生集团
2015	糖尿病管理	糖护士、智云健康、糖大夫、掌控糖医
2016	人工智能 + 医疗、药店	推想科技、汇医慧影、天猫药店
2017	互联网医院	银川互联网医院、乌镇互联网医院
2018	新型诊所	企鹅杏仁
2019	医疗大数据、第三方管理（TPA）	圆心惠报、乐趣健康
2020	精准健康管理——长护险	医护到家、金牌护士

资料来源：笔者根据相关资料整理。

由于移动互联网和手机客户端的普及，移动医疗成为发展最快、最具代表性的互联网医疗细分领域之一。移动医疗自 2016 年进入高速发展期，市场规模和用户数量逐年增长，如图4-1所示。

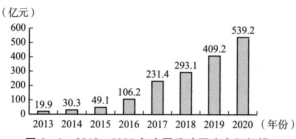

图4-1　2013～2020年中国移动医疗市场规模

资料来源：中商产业研究院发布的《2018～2022年移动医疗行业市场前景及投资机会研究报告》。

随着移动端互联网和5G技术的发展，从2012年开始我国互联网医疗进入实质性的规范化发展阶段。截至2017年，全国互联网医疗市场规模已达到325亿元，比上一年增长45.7%左右（李隆威，王前强，2020）。

目前，我国互联网医疗健康产业已经形成百花齐放的商业模式，其中最具代表性的互联网医疗商业模式主要是在线问诊、医药电商、在线预约挂号、可穿戴健康管理设备。

①在线问诊。在线问诊是指医生在互联网医疗平台上解答患者问题。"微医""39健康网""好大夫在线"等都是知名度较高的在线问诊预约互联网医疗网站。在线问诊具有效率高、流程少、资源多的优点。对患者而言，在线问诊为其提供了便捷、廉价、实时的专业远程医疗服务。对医生而言，在线问诊为实现医生多点执业提供技术可能。对于医疗资源配置而言，在线问诊拥有强大的互联网效应，能够整合大量医疗资源、患者资源，实现资源跨时间、跨空间高效匹配。

②医药电商。医药电商是指医疗机构、医药公司、银行、医药生

产商、医药信息服务提供商等市场主体，基于互联网医疗平台进行药品和医疗器械充足的药品资源，进一步简化购药流程，提高流通效率，大大压缩流通成本。对于非处方药品购买，可以明显节约消费者的时间成本。同时，在电商平台上所有药品价格透明、来源透明、信息对称。

③在线预约挂号。在线预约挂号是指患者通过网络预约医院门诊时间。与传统线下挂号相比，在线预约挂号模式的优点十分明确。从切入点看，在线预约挂号模式位于患者到医院就医的第一步，有利于及时获取精准用户。从资源获取上看，在线预约挂号平台既与患者对接，又与医院业务链对接，能够迅速获取双方的信息，减少就医的交易成本。从变现模式上看，挂号平台盈利渠道多样，包括挂号到就诊过程及诊后健康管理、诊后服务推介。可收费对象包括患者自身、医院、健康管理公司、医药公司等。

④可穿戴健康管理设备。可穿戴健康管理设备是指对消费者日常的穿戴进行智能化设计，基于互联网技术和移动客户端开发出具有实时健康信息检测、远程健康状况监控等功能的可穿戴设备的总称，如可随时获取用户具有医疗价值的血糖、血氧、血压等生理参数的智能手表、穿戴式血压计、可穿戴心电传感器，等等。可穿戴设备厂商以可穿戴设备为数据交互中心，可以为消费者提供移动智能云服务，采集并建立大数据库，为医院诊疗检测、医生辅助决策、保险公司及时干预、减少保费支出提供互联网技术支持。随着消费者越来越注重健康管理，以及老年人、慢性病患者的增加，可穿戴健康管理设备的市场需求迅速扩大。

4.1.2 "保险＋互联网医疗"商业模式创新

如何对保险客户进行有效的健康管理，提高客户的健康水平，减少客户患病概率，从而控制健康保险赔付率，一直是商业健康保险业面临的重大挑战。随着互联网、大数据、物联网等保险新科技的发展，不少商业健康保险公司敏锐认识到互联网医疗对健康保险的重要商业价值，积极开展"保险＋互联网医疗"商业模式创新，充分挖掘健康管理在商业健康保险价值链经营中的各种商业价值。英国保柏公司的医保合作模式就是一个成功案例。

保柏集团（British United Provident Association，BUPA）是英国最大的商业保险集团，业务遍布全球。保柏公司非常注重互联网技术运用商业健康保险中的应用，积极创新"保险＋互联网医疗"商业模式，具体措施包括：①对旗下医疗机构收集的客户数据进行大数据分析，基于大数据分析为保险客户提供健康评估、工作场所保健、牙科保健、个人医疗管理、压力管理等多样化健康管理方案。②将互联网技术运用于管理式医疗。保柏公司大量通过移动医疗设备为客户提供互联网医疗服务，客户可随时了解自身健康信息，接受健康咨询服务和就医用药指导，极大减少了客户去医院就医的负担。保险客户还可以通过移动医疗设备随时监控血糖、血压等生理指标，一旦出现异常立即向家庭医生咨询。③将网络技术应用在医疗服务当中，打破了传统的医疗场所界限，实现了服务场所的多地点化、远程化。凡是参加"保柏国际"（BUPA International）的客户均可自由选择在自己喜欢的网络医院或者公司指定的医院就诊，并且可供消费者选择的机构非常多，仅仅网络医院在全球就有近7500家。客户给 BUPA International

打个电话就可以享受公司提供的细致且全面的服务，如帮助客户选择医院或者预约等（袁定清，刘婷，2004；Clemons，1992；刘涛等，2019）。

大致来说，商业保险公司参与投资经营互联网医疗平台具有三个方面的积极效应。从保险客户层面来看，商业保险公司可利用互联网健康管理引导保险客户主动关注自身健康，提升客户的健康水平；从行业层面来看，商业保险公司可利用互联网健康管理降低健康保险产品的赔付风险；从社会层面来看，提升保险客户的健康水平也有助于提升社会整体健康水平，减轻公共医疗健康体系负担，可谓"一举三得"。

由于互联网医疗在对保险客户健康管理方面显示出巨大商业价值，国内商业保险公司纷纷探索如何借助互联网医疗平台发展与健康保险密切相关的医疗和健康管理服务，创新"保险＋互联网医疗"商业模式。2015 年 4 月，中国平安旗下首款互联网健康管理产品"平安好医生"正式上线，该产品定位于用户随身的"移动医生"，开启了国内"保险＋互联网医疗"商业模式。与"春雨医生"等轻问诊咨询的移动医疗相比，"平安好医生"的核心竞争力就是自建家庭医生与专科医生团队，以在线咨询服务作为切入口，配合大数据的挖掘、分析及应用，为客户提供个性化的日常健康管理与医疗信息服务（梁薇薇，2015）。"平安好医生"构建了"患者－提供商－支付方"的综合模式，通过"平安好医生"平台提供医疗和健康管理、控费和账户管理等服务。"平安好医生"服务遍及全国 200 多个城市，涉及数亿人口的政府医保，线上 App 与线下医疗相结合，实现医疗健康服务各参与方的协同。在"平安好医生"代表的"保险＋互联网医疗"商业模式影响下，各大商业保险公司纷纷进军互联网医疗领域。2015年 11 月，人保与移动医疗服务商"春雨医生"签订产品创新战略合作协议。"春雨医生"在健康风险管理领域提供健康咨询、医疗机构、国际分诊服务、医疗过程管理等服务，防控过度医疗和逆向选择，在健康大数据领域与人保合作，服务产品创新。按照合作协议，"春雨医生"将根据人保财险客户群体的特点及不同层级，提供基于线上健康咨询、春雨诊所、权威医疗机构以及春雨国际的分级诊疗体系服务，提供分级别、标准化的服务内容，支持人保进行健康服务型保险产品创新。"春雨医生"还支持人保进行保险销售渠道的创新，并且为人保财险的健康险产品提供医疗过程管理，防止逆向选择和过度医疗，有效管控商业健康保险业务风险。双方的合作不止于健康险和医疗过程管理等领域，还包括健康大数据。"春雨医生"将积累了大量健康咨询数据与人保专业的精算能力相结合，有利于在产品设计方面深度合作。2018年5月，友邦保险与中国领先的医疗健康科技平台微医控股有限公司（微医）达成长期战略伙伴协议。基于合作协议，友邦保险的客户可优先享用微医一系列领先的医疗健康服务，包括预约挂号、在线问诊、线下诊所，以及受惠于其分布中国内地30个省份由2700家重点医院、22万名医生和超过15000家药房所组成的医疗健康服务网络。与此同时，友邦保险将成为微医首选的人寿及医疗保险方案供应商，超过1.1亿名的微医注册用户能够接触友邦保险领先市场的保障方案，协助微医的众多内地用户收窄其保障缺口。友邦保险及微医的目标一致，同心协力为客户提供创新的优质医疗保健服务和健康保障方案。这项战略伙伴协议有助于友邦保险进一步利用其健康业务策略，通过与优秀的保健服务供应商合作和数字化的个人健康保障计划，创造卓越的健康保障成果。友邦保险同时购入微医股权，以加强双方的合作关系。2017年，众安保险与微医合作，推出互联网医院门诊险，创新商保支付模式，为参保人提供家庭医生服务。"保

险 + 互联网医疗"商业模式创新激活了商业健康保险市场。

为了规范和促进健康管理与商业健康保险的协同发展，2019 年 11 月，中国银保监会颁布新修订的《健康保险管理办法》。支持商业保险公司与健康管理机构、医疗机构进行合作是新修订的《健康保险管理办法》最大亮点，其核心内容包括：一是支持商业保险公司开展健康管理服务。明确规定保险公司可以将健康保险产品与健康管理服务相结合，提供健康风险评估和干预，提供疾病预防、健康体检、健康咨询、健康维护、慢性病管理、养生保健等服务，降低健康风险，减少疾病损失。保险公司可以保险合同条款和服务合同的形式提供健康服务。新修订的《健康保险管理办法》将健康保险产品包含健康管理服务成本比例上限提升至净保险费的 20%，进一步促进健康管理和保险产品的融合创新。二是要求保险公司加强与医疗机构合作，为被保险人提供优质、方便的医疗服务。三是支持保险公司与医疗机构信息数据互联共享，推动医疗数据的合作应用。要求保险公司进一步推动与医疗机构的数据合作，完善基于客户信息数据的应用和保护机制，加快与合作医院建立信息系统对接和数据互通，实现从就诊预约到商保赔付的线上化数字化服务，与医疗机构和医疗行业组织开展数据共享和分析，建立协作平台，为健康保险产品创新、精算定价、精准营销、服务实施、风险管控提供应用支持，通过医疗数据应用合作，助力健康保险专业化经营水平提升，同时会助力医疗行业提升与商业健康保险的结合能力。为了进一步规范保险业健康管理服务的发展，2020 年 9 月中国银保监会发布了《关于规范保险公司健康管理服务的通知》，对健康管理服务要求、业务运行以及监督管理做出了明确规定。2020 年 12 月，中国保险行业协会与中国健康管理协会又推出《保险机构健康管理服务指引》等四项健康管理相关标准，从行业规范角度为保险公司经营健康管理服务提出了业务标准。上述政策文件进一步细化了商业健康保险范围内健康管理的业务内涵和服务标准，为商业保险公司开展互联网医疗提供了明确的政策保障。

4.2 基于特征交易模型的"保险＋互联网医疗"商业模式分析

4.2.1 "保险＋互联网医疗"商业模式的价值主张

与"保险＋实体医疗"商业模式相比，"保险＋互联网医疗"商业模式的突出特点是注重发挥互联网医疗的平台优势，将服务重心放在"轻问诊"的健康管理领域，通过提供丰富多样的互联网健康管理服务，为保险客户、互联网医疗平台和商业保险公司创造新的商业价值。

（1）客户价值

对于保险客户来说，购买商业健康保险的主要目的是获得医疗保障，即生病时保险公司能够赔付一定的医疗费用。但是，除了医疗保障需求外，健康保险客户实际上还有许多与健康管理相关的需求，如寻医问诊、健康咨询、健康干预等。"保险＋互联网医疗"商业模式为保险客户在获得健康保障的同时也获得一系列互联网医疗服务提供了可能。在寻医问诊方面，保险客户可通过保险公司旗下互联网医疗平台，实现自助就医，减少就医成本，提高就医效率。基于互联网医疗平台还可将在线问诊服务接入到更为多样的应用场景中，如选购药品时可能在药店扫描二维码，即可得到互联网医疗平台上专业医生的指导建议。又如，随着智能硬件的发展，一台智能血糖仪，就能直接联通互联网医疗平台医生的问诊服务。在健康干预方面，通过保险公司旗下移动健康管理软件，保险客户可随时获得医生健康指导，实现早预防、早诊断、早治疗，不仅提高自身健康水平，也有利于减少大病医疗支出。总之，内含互联网医疗服务的健康保险产品不仅能够为保险客户提供医疗保障，还能为保险客户提供一系列医疗和健康管理服务，有利于促进保险客户健康素质的提升，通过优化互联网就医和保险理赔流程给予客户更便捷的服务体验，健康保险产品内含的客户价值更为丰富。

正因上述原因，越来越多的互联网医疗机构成为商业保险公司的服务提供商，向保险公司提供一系列线上医疗健康服务，保险公司将这些服务整合进产品提供给客户。例如，平安健康保险公司旗下移动健康保障平台平安健康手机软件 App 创建的健康特权俱乐部（Hello Run Club，HRC），独创了一个新的健康信用模式：对于加入 HRC 的用户，平安健康 App 通过设定任务等方式让用户持续关注自身健康，并引导用户在饮食、运动，以及身体指数方面上做改变和跟踪，这些健康指标最终会以健康信用分的方式体现。当健康信用分数处于良好水平，用户就能享受到优质保障（含免费保障、费率优惠）、医疗服务、健康生活等三大系列服务。Hello Run 健康管理促进计划，鼓励客户运动以改善健康，在运动后给予一定奖励以提升客户积极性，形成"越运动、越健康、越奖励"的良性健康循环。2020 年发布的《平安健康 Hello Run 健康信用白皮书》显示，仅三年时间，Hello Run 健康管理计划已帮助 1100 万用户管理并提升自己的健康水平（杨铮，2020）。又如，微医是友邦保险的线上医疗服务提供商。友邦保险客户可优先接受微医平台的一系列医疗健康服务，包括预约挂号、在线问诊、线下全科中心等。双方还深入合作联合开发了乳腺癌、儿童白血病等单病种防癌险产品。

（2）合作伙伴价值

在"保险＋互联网健康管理"商业模式中，商业保险公司的主要合作伙伴就是互联网医疗平台以及作为互联网医疗平台生态组成部分的医生。"保险＋互联网健康管理"是一种互利共生型商业模式，对各种商业伙伴的价值都有所改进和提升。

①对互联网医疗平台的促进作用。互联网医疗平台在发展过程中，主要面临以下几个难题：一是融资问题。作为一个新兴产业，互联网医疗需要大量融资。目前大多数互联网医疗主要依赖风险投资或资本市场的融资支持。但风险投资和资本市场的融资多属于财务性投融资，变现欲望强烈，其投资对互联网医疗的业务模式没有太多帮助。因此，互联网医疗亟须更为持久和专注的与其业务模式相互协同的战略性投资。二是支付问题。互联网医疗一直缺乏长期稳定的支付方式。2020年3月国家医保局、国家卫生健康委发布《关于推进新冠肺炎疫情防控期间开展"互联网＋"医保服务的指导意见》，将疫情期间全国常见病、慢性病患者通过"互联网＋"医疗的复诊和药品服务纳入医保，在新冠肺炎疫情这个特殊时期，允许第三方平台和药店合作配送药品给慢性病人群，由医保使用统筹资金来支付。但疫情之后，医保是否还能继续做互联网医疗慢性病诊疗的支付方则存在不确定性。特别是随着各公立医院陆续建立自己的互联网医院，推动慢性病患者在线上进行复诊、配药，没有理由把有限的医保额度分给第三方机构。因此，商业性互联网医疗必须寻找其他更为长期稳定的支付方式。三是客户问题。如何保持稳定的客户群体，增强客户黏度，

减少公立医疗对其客户的替代性程度，是互联网医疗面临的一个难题。四是数据价值利用问题。互联网医疗平台积累了大量客户健康数据，并基于其在大数据技术方面的优势能够对客户健康数据进行筛选分析，但这些健康数据如何进一步转变为商业价值则需要互联网医疗进一步进行商业模式创新。

针对互联网医疗平台的上述问题，"保险 + 互联网医疗"商业模式提供了相对合理的解决方案，为互联网医疗平台带来了诸多新的商业价值。其一，商业保险公司通过投资控股、战略合作等方式对互联网医疗进行投融资支持，特别是由于商业保险资本对互联网医疗平台的投资通常并不是基于短期获利的财务理由，而是双方业务上的互补性，因此这种投融资更为长期稳定，有助于解决互联网医疗平台缺乏战略投资的难题。其二，在"保险 + 互联网医疗"商业模式中，客户获得互联网医疗服务的支付费用可内含于相关的健康保险产品中，也就是说，客户购买了商业健康保险产品的同时就可获得一份互联网医疗服务，这样就在一定程度上解决互联网医疗平台缺乏长期稳定支付方式以及接入医保支付面临的不确定性难题。其三，在"保险 + 互联网医疗"商业模式中，保险客户可自动成为互联网医疗平台的客户，同时，互联网医疗平台重点为保险客户提供健康管理服务而非治疗服务，从而降低了公立医疗对互联网医疗的替代性程度。两方面因素综合在一起，有利于为互联网医疗平台建立相对稳定的健康管理客户群体。其四，在"保险 + 互联网医疗"商业模式中，互联网医疗平台掌握的客户健康数据可为商业保险公司对客户进行筛选分类、设计商业健康保险产品提供数据支持，从而有利于增加了互联网医疗平台客户健康数据的商业价值。

②提升医生的医疗服务价值。医生加入互联网医疗平台后，可在

多方面提升医疗服务的价值。一是可以依托互联网医疗中解决医生多点执业问题。虽然医疗卫生体制改革在总的方向上允许医生多点执业，但实际上由于工作时间、执业地点的限制，多点执业在实践中可行性不高。互联网医疗为医生依托互联网医疗平台同时为多个不同地点的患者提供服务创造了条件，有利于增加医生合法收入，提升医生资源利用率。二是通过互联网医疗平台，医生可获取和自己业务领域及能力范围相匹配的患者，实现精准医疗，也可以及时了解治疗相关药品和实验科研信息，获得最新资料。三是在院外康复环节中，医生可通过互联网医疗平台对患者进行后期跟踪监测，并通过互联网不断学习新的病例，进行自我培训。

（3）商业保险公司价值

健康保险与医疗服务、健康管理服务在价值主张上存在多重互补性，商业保险公司引入互联网医疗，有利于促进自身的战略转型，为自身发展带来新的战略价值。

①降低保险产品销售佣金。长期以来，商业保险公司需要支付销售渠道高佣金，高端保险佣金比例更高。通过投资经营互联网医疗平台，商业保险公司可利用互联网医疗平台减少客户搜寻成本，积累大量潜在客户资源，特别是可以利用健康保险产品的线上销售极大降低以往人工销售的高额佣金成本，提升保险公司的利润。

②开展互联网管理式医疗，降低健康保险赔付率。通过构建"保险＋互联网医疗"商业模式，可促使商业保险公司从疾病发生后的被动理赔向主动健康管理的角色转变，借助其集中支付方的职能，成为消费者健康管理方案的设计者和托管人，在提供传统风险保障的同时，通过整合健康服务资源、管理消费者健康曲线，既能够改变传统经营模式下缺乏控制医疗风险手段的局限，又能够通过健康干预有效

降低发病率，从而降低保险客户的赔付成本。例如，微医与友邦保险战略合作，整合双方在医疗、医药、保险领域积累的资源和优势，形成"线上 + 线下、全科 + 专科"的新型互联网 HMO 体系，为用户提供全人、全程、全家的管理式医疗健康服务。在互联网 HMO 体系里，50% 的慢性病、常见病和健康维护在家里就可以完成，35% 的服务在基层医疗机构完成，剩下 15% 在大医院完成（王方琪，2018）。

③搭建一站式健康管理平台，提升保单内涵价值，有效管控健康风险。互联网医疗能够进一步拓宽医疗健康服务范围和服务能力，通过线上线下一体化布局，从挂号、在线问诊、导诊到电子处方、远程医疗、复诊、随访、疾病管理，拓宽医疗服务的广度和深度，覆盖"诊前 - 诊中 - 诊后"医疗服务全流程。同时，移动医疗等互联网医疗平台可以积累庞大的医疗健康数据，保险公司可通过对互联网医疗平台数据的整合分析，为保险产品设计开发、筛选客户、对客户进行健康干预提供大数据基础；以用户健康大数据为基础，建立以疾病预防为核心的动态、个性化健康管理体系，使用户大多数健康问题通过在线平台实现预警和干预。一站式健康管理平台实现了健康管理和保险保障服务两种业务的数据互通，可以更有效管控健康风险，同时为客户提供健康管理增值服务，更多留住客户，增加客户黏性。

④通过定制化服务迎合市场长尾需求细分客群。不同风险群体在不同阶段面临的需求呈现差异化特征。这就要求商业保险公司既能够把握不同人群对健康管理服务需求的共性，更要抓住客户群体的个性，通过细分客户群体，为不同特征的客户提供个性化、定制化的服务，满足市场的长尾需求。所谓长尾需求是指个性化，零散的小量需求。这部分差异化、少量的需求会在需求曲线下面形成一条长长的"尾巴"，但将这些非主流的市场需求累加起来就会形成一个比主流市

场还大的市场需求，如图 4 - 2 所示。

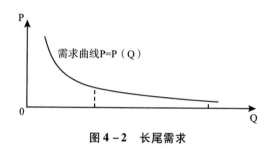

图 4 - 2　长尾需求

在互联网出现之前，由于商品储存、流通、展示成本较高，这些非主流、个性化的市场需求多被厂商忽视。而随着互联网技术的发展，商品储存、流通、展示成本迅速下降，较高效率的因素，个性化、零散的小量需求可以被迅速汇集起来，成为可供企业开发的规模可观的市场需求。在"保险＋互联网医疗"平台上，客户对健康保险、健康服务的个性化需求可以迅速得到保险公司的关注，保险公司在汇集同类需求的基础上，可以便捷地提出一揽子解决方案，为商业保险公司赢得更多市场份额。

⑤可充分利用互联网医疗积累健康大数据，这些数据可以让保险公司更好地进行风险管理。互联网医疗机构通过数字健康平台，可全方位整合技术能力、医疗能力和医药资源，一方面为保险公司提供医疗健康服务支撑，大数据、医疗人工智能技术及医保结算支持；另一方面，利用数字健康平台的大数据优势，互联网医疗机构可与商业保险公司合作构建用户的数字健康模型，为保险公司提供精算依据，以便精准地针对特定病种和特定人群进行产品创新，为需求端定制保险方案。通过整合和共享数据平台推动后续保险产品的设计和动态定价，保险公司也能够进一步优化保单服务的定价方式，最终可为用户

提供涵盖预防、就医、用药、支付、康复的全流程闭环服务。

4.2.2　"保险＋互联网医疗"商业模式的特征交易型经营网络

分析"保险＋互联网医疗"商业模式的特征交易需要与两种相关的商业模式进行比较，一种是健康保险与互联网医疗分业经营模式，另一种是线下管理式医疗模式。在此基础上，才能准确描述"保险＋互联网医疗"商业模式的经营网络。

（1）与健康保险与互联网医疗分业经营模式的比较

与健康保险与互联网医疗分业经营模式相比，"保险＋互联网医疗"商业模式实现了基于保险与互联网医疗的一体化经营的特征交易模式。在健康保险与互联网医疗分业经营模式中，消费者的健康保障服务与健康管理服务是相互独立的，对同一消费者而言，商业保险公司只提供健康保障，互联网医疗平台只提供健康管理服务，虽然事实上互联网医疗提供的健康管理服务有助于减少消费者的就医成本、降低消费者的患病几率，从而减少消费者的健康保险理赔支出，但商业保险公司却不能直接对这一商业价值有效利用。同时，由于缺乏必要的战略合作，商业保险公司也无法利用互联网医疗平台积累的健康数据资源，客观上也造成了消费者健康数据的闲置和浪费。在"保险＋互联网医疗"商业模式中，商业保险公司通过自建、控股、参股等方式与互联网医疗企业形成战略合作关系，打造了保险与互联网健康管理一体化经营模式。在此基础上，保险公司、健康管理机构分别单独向客户提供健康保障、健康管理服务的特征交易模式转变为保险公司与健康管理机构的一体化组织联合向客户提供包含健康保障功能和健康管理服务的健康保险产品的特征交易模式。围绕健康保障与健康服务联合提供的特征交易，可以构造"保险+互联网医疗"商业模式的经营网络。基于这一经营网络，商业保险公司可获得来自互联网医疗的客户健康数据，并通过互联网医疗为客户提供的健康管理服务，减少客户的道德风险，强化风险控制。互联网企业可获得来自商业保险公司的资本支持和稳定的客户来源。保险客户则通过购买健康保险产品获得"健康保障+健康管理"的"一篮子"健康服务，实现三方共赢。

（2）与线下管理式医疗保险的比较

与传统的线下管理式医疗保险相比，"保险+互联网医疗"商业模式将保险公司、医疗机构（医生）、保险客户之间的各种交易转移到互联网平台上进行，形成了平台交易的特征交易模式，或者说是一种平台商业模式。"平台"是源于双边市场理论的一个经济学概念（Rochet，Tirole，2004），是指连接了两个或多个特定群体，通过一系列机制不断激发网络效应，在满足各群体需求的前提下从中获得利益的组织（李雷，赵先德，简兆权，2016）。平台既包括互联网平台也包括线下平台如超市、大卖场等等。作为一种组织形式，平台通过重构平台参与者的利益关系和市场角色，提供互动机制，满足各个利益相关者的需求，并从中获利。所谓平台商业模式一般是指基于平台特别是互联网平台的商业模式，宋立丰等（2019）将平台商业模式区分三种类型：一是以阿里巴巴、京东为代表的电子商务平台商业模式，其特点是促成需求价值的交易；二是以滴滴、优步（Uber）、爱彼迎（Airbnb）为代表的共享经济平台商业模式，其特点是促成显性冗余价值（如私家车）的交易；三是以海尔、小米为代表的平台—社群商业模式，其特点是促成隐性冗余价值（如专业知识、智慧能力、创意发现等相对模糊的价值)的交易。"保险 + 互联网医疗"商业模式总体来兼具电子商务平台与共享经济平台的特点。一方面,在"保险 + 互联网医疗"商业模式中,商业保险公司可通过互联网医疗平台销售其商业健康保险产品或者为客户提供预约挂号等服务,因此具有电子商务平台的特点。另一方面,与保险公司签约的医生也利用闲余时间在互联网平台上提供寻医问诊服务(销售专业知识),因此又具有共享经济平台的特点,如图 4 – 3 所示。

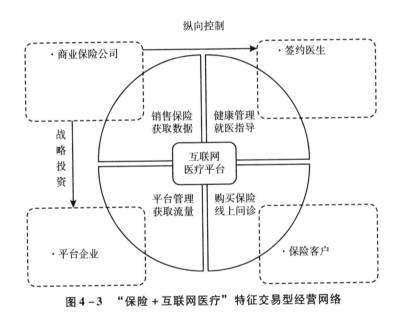

图 4 – 3 　"保险 + 互联网医疗"特征交易型经营网络

以平安好医生为例,作为是中国保险业首个互联网健康管理平台(中国平安旗下平安健康互联网股份有限公司),平安好医生与平安健康保险公司合作,借鉴美国医疗保险模式,引入适合国内健康保险新模式"线上健康维护组织(HMO)项目"。该模式是基于互联网医疗平台的 HMO 模式,通过在线家庭医生咨询 + 门诊预约,完成分诊导诊等一站式服务来提升保险客户粘度、降低用户的医疗费用。自 2015 年上线以来，"平安好医生"已建成国内规模最大的全职医生团队，凭借专业的互联网产品、技术和运营能力，吸引了来自全国各地甚至海外地区超过 7100 万用户，日问诊量峰值突破 25 万，用户黏性位列行业第一，且正在形成完整的线上到线下（O2O）闭环体系。在平安好医生大数据技术支持下化，平安保险对客户的信息获取能力逐渐提高，能够形成完整的用户画像，数据质量的问题也将得到解决。在健康管理方面，平安好医生通过服务机器人，运用图像识别、姿态识别、自然语言处理（NLP）等技术，实现多模态情感交互能力，应用于健康评测、饮食计划、运动计划、运动矫正等健康管理和疾病管理服务，7×24 小时不间断地为客户提供服务，不断挖掘客户新需求，了解其特征及偏好，有针对性地推出新服务。互联网医疗平台提供合法收集的用户数据和纵深的医疗体系服务能力，健康保险公司通过大数据精算给出产品具体的健康管理目标，二者的合作可以进一步实现保险控费，促进保险公司提质增效（沙洁，2019）。在互联网医院方面，截至 2021 年上半年，平安好医生已在 10 个城市获得自建互联网医院资质，并已与 205 家医院达成合作共建互联网医院平台协议。

4.2.3 "保险＋互联网医疗"商业模式的盈利逻辑

互联网医疗通过互联网技术对健康服务产业链上的各个环节进行重新整合，以求解决各环节存在的"痛点"。互联网医疗的这一创新性，使得互联网医疗赢得大量的市场融资。但缺乏清晰的盈利模式特别是支付方式也使得互联网医疗被认为是一个"烧钱"产业。

从患者方面看，不少患者对"看病难、看病贵"有切肤之痛，对优质医疗资源需求强烈，虽然有患者肯花一定费用通过互联网医疗挂号、加号和问诊，但对在线医疗的信任度不高，互联网医疗黏性不强，仅依靠患者的支付，互联网医疗机构很难获得稳定收入来源。从医院方面看，依靠医院采购互联网医疗工具可以给互联网医疗机构带来收入。在国外，如美国的梅奥诊所就有院内病人管理工具以及出院后的移动端病人跟踪系统。但在国内，大医院虽然有经济实力采购互联网医疗产品，但他们不缺乏患者。在巨大的患者客流之下，大医院做好自身运营管理就能保证稳定的收入，缺乏对病人个体的精细化管理吸引客户、增加收入的动力。因此，依赖医院的采购也很难形成互联网医疗持续稳定的支付来源。综合上述分析，互联网医疗最合适的支付方式就是健康保险。保险公司通过与互联网医疗平台深度合作形成"保险 + 互联网医疗"商业模式，其盈利逻辑主要包含两条：

一是销售逻辑，即通过增加产品和服务的品种以及扩大销售规模获利。在互联网医疗平台上购买医疗和健康管理服务的消费者群体与购买健康保险的消费者群体具有较高的重叠度，因此可以通过刺激医疗和健康类产品的交叉消费增加收入。通过在商业健康保险产品中加入互联网健康管理的增值服务，改善客户体验，形成产品差异化，吸引更多消费者购买商业健康保险，扩大客户规模，进而增加保费收入。例如，以平安保险为例，平安保险在重疾险的保单上增加了"臻享 RUN"的服务，用户购买主力重疾险产品之后可以享受到私家医生、私人教练、重疾项目管理体系化等增值服务。同时，还可鼓励医生指导消费者购买合适的商业健康保险，通过流量转化获得客户，进行风险筛选、在线投保。此外，可向客户销售某些需要付费的健康服务项目，也是增加销售收入的一个来源。

二是控费逻辑，即通过控制保险赔付费用支出，减少理赔成本，增加收入。如基于互联网医疗平台，为客户提供便捷的寻医问诊、导诊等服务，让医生来指导保险客户以更高效、更节省成本的方式就医，减少患者的就医成本，从而有利于减少健康保险理赔支出。再如为保险客户提供家庭医生的健康管理服务，维持和促进保险客户的健康水平，减少保险客户患病几率，有利于减少客户的保险理赔支出。又如通过互联网医疗平台掌握客户健康数据，依据健康数据对客户进行分类，减少逆向选择风险，也最终有利于减少保险理赔支出。

参考文献：

［1］方朋骞，谢俏丽，胡天天．论互联网与医疗服务的关系［J］．中国卫生政策研究，2016（9）．

［2］梁薇薇．保险公司布局健康医疗　探索新型发展模式［J］．科技智囊，2015（6）．

［3］李雷，赵先德，简兆权．网络环境下平台企业的运营策略研究［J］．管理科学学报，2016（3）．

［4］李隆威，王前强．互联网医疗市场发展分析［J］．现代医院，2020（11）．

［5］刘涛等．基于国际经验的我国保险与医疗合作模式研究［J］．管理现代化，2019（3）．

［6］栾云波，田珍都．我国"互联网＋医疗"存在问题及对策建议［J］．行政管理改革，2017（3）．

［7］沙洁．"平安好医生"垂直型平台价值共创机制的研究——知识协同视角［D］．兰州大学，2019．

［8］王方琪．与友邦保险深度合作　微医打造HMO新模式［N］．中国保险报，2018－05－23．

［9］杨铮 . 商业健康保险创新与规范发展［J］. 中国金融，2020 （6）.

［10］袁定清，刘婷 . 健康保险与第三方健康管理［J］. 保险研究，2004（3）.

［11］周洲，买淑鹏，蔡佳慧等 . 我国"互联网 + 医疗"政策体系初探［J］. 中国卫生事业管理，2016（6）.

［12］Clemons E K，M C Row. Information Technology and Industrial Cooperation：the Changing Economies of Coordination and Ownership［J］. Journal of Management Information Systems，1992，（02）：9 – 28.

［13］Jean Charles Rochet，Jean Tirole. Defining two-sided markets ［D］. IDEI University of Toulouse Working Paper，2004.

第 5 章

"保险＋健康养老" 商业模式

商业保险业参与健康养老服务主要有三个途径：一是为老年人提供养老保障，二是为各类养老机构提供相关风险管理服务，三是投资经营养老服务。其中，商业保险公司投资经营医养结合型养老服务也被称为"保险＋健康养老"商业模式。在我国，"保险＋健康养老"商业模式的一项重大创新就是商业保险公司投资兴办保险养老社区。自 2009 年泰康人寿获批国内首家保险养老社区试点资格以来，保险养老社区迅速成为国内各大商业保险公司进军养老服务业广泛采用的一种"保险＋健康养老"商业模式。保险养老社区在某些方面借鉴了美国以房地产投资信托基金（real estate investment trust，REITs）为主投资经营高端养老社区的商业模式，但又有新的创新，首创了保险公司直接投资经营养老服务的新商业模式，在世界上第一次实现了保险与养老服务的直接对接，泰康人寿董事长陈东升称其为一项可将寿险产业链拉长 20～30 年的"世界性商业模式创新"（万云，2010）。本章重点基于商业模式特征交易模型分析我国保险养老社区商业模式的价值逻辑。

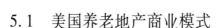

5.1 美国养老地产商业模式

作为我国保险养老社区商业模式的首创者，泰康人寿在创新保险养老社区商业模式过程中，主要借鉴了美国养老地产模式特别是其中的持续护理退休社区（continuous care retirement community，CCRC）养老模式。

养老地产是以提供养老服务为核心的一种商业模式，兼具房地产和服务双重属性，不仅具有居住功能，还要为老年住户提供健康管理、日常诊疗、老年病治疗、康复护理乃至临终关怀等健康服务以及日常生活照料服务。美国养老地产始于 20 世纪 60 年代，目前已经形成一个门类比较齐全、运营方式比较成熟的老年住宅体系（王旭育，2016）。

美国的养老地产一般采取社会化养老模式，主要包括两种类型：一是由各州房屋管理局（Housing Authority）开发的面向低收入群体的老年公寓。二是由房地产商开发的中高端养老社区。按照服务类型和护理程度的差异，养老社区可分为四种类型：①持续护理退休社区（CCRC），生活能够自理，但考虑将来生活自理能力下降且不愿频繁更换居所的老年人可以选择一站式的持续护理退休社区。②独立生活社区（independent living community），健康老年人可以选择有会所和基本医疗服务，同时可拥有私人汽车，依然享有充分自由的独立生活社区。③协助生活社区（assisted living community）。④专业医疗护理养老院（nursing home/skilled nursing facility）。对于中风、失智或术后需要半护理服务的老年人，可以入住有特殊服务的协助生活社区或专业医疗护理养老院，选择临时看护、记忆恢复、护理康复等服务。

从融资模式上看，美国养老地产融资模式主要有房地产信托投资基金 REITs、私募基金和非营利性组织三种模式（裴旭波，2013）。其中，房地产信托投资基金是美国养老地产的主要融资渠道，房地产信托投资基金的投资组合通常包括：①老年住宅，包括出租和物业运营。②急性护理设施。③医院、诊所及生命科学研究。

美国养老地产涉及房地产商、运营商和投资商三个市场主体。房地产商通常根据运营商或投资商要求为其定制开发养老社区，部分运营商也会自己充当开发商或与房地产商组建合资公司来共同开发，运营模式主要有以下三种：①净出租模式，即养老地产持有者将物业租赁给运营商，每年收取固定的租金，运营费用、税费以及保险费均由运营商承担。②委托运营模式，即养老地产持有者将物业托管给运营商，运营商每年收取一定比例管理费，但不承担经营风险。③出租加运营模式，即养老地产持有者将物业的部分权益出让给运营商，并与运营商签订委托管理协议，运营商获得管理收益和与所有权益相对应的部分经营收益。

5.2 基于特征交易模型的保险养老社区商业模式分析

2009 年，泰康人寿率先试点养老社区与保险产品结合，构建保险养老社区。泰康人寿的保险养老社区商业模式很快在业界推广开来。数据显示，截至 2020 年 9 月，共有中国人寿、中国太保、太平人寿等 10 家保险机构投资 47 个养老社区项目，分布于北京、上海、海南、江苏、广东、安徽等东部沿海以及中部的 20 个省市区，床位数约 8.5 万个。到 2021 年 11 月，保险机构在全国 34 个城市布局养老产业，超过 13 万张床位，国内布局养老的人身险公司比例达 47％，通过轻重资产多种模式布局养老机构、社区和居家养老等领域。

保险养老社区是保险业跨界投资经营养老服务业的产业链纵向延伸。对于保险养老社区，作为金融部门的保险业，应该采取哪些风险隔离措施？需要具备哪些基础条件？盈利逻辑是否合理充分？以什么方式介入这个领域更好？保险与养老怎么结合？如何处理好主辅关系？医护和宜居哪个是经营重点？需要哪些政策支持和监管覆盖等等，学术界对上述问题进行了积极探讨，但目前对保险养老社区的研究仍多采用 PEST 分析、SWOT 分析、波特五力模型等传统战略分析方法。如欧新煜、赵希男（2013）基于 SWOT 方法分析了保险公司投资养老社区的竞争优势和投资策略，郭旭利（2013）利用波特五力模型和 SWOT 方法分析了我国养老地产投资现状和保险公司投资养老社区内外竞争环境，任云鹏（2014）利用 SWOT 方法分析了保险公司投资养老社区的建设模式，钟雯（2017）基于 SWOT 方法分析了保险公司投资养老地产的必要性，权国占（2017）以泰康人寿为例利用 PEST 分析、SWOT 分析和波特五力竞争模型分析了保险公司投资养老社区战略的内外部竞争环境等。

笔者认为，保险养老社区本质上是一种商业模式创新，而非单纯的成本领先、差异化或集中化的企业竞争战略。传统的战略分析方法虽然在描述和分析保险养老社区内外竞争环境以及经营策略的选择等方面有一定的方法论价值，但在揭示保险养老社区独特的"价值创造和获取"的商业逻辑方面存在较多的局限性。保险养老社区作为保险业跨界经营的一种新型商业模式，其核心是其独特的"价值创造和获取"的商业逻辑，因此更适合依据以揭示"价值创造和获取"商业逻辑为目标的商业模式理论进行分析。

5.2.1　保险养老社区的价值主张

按照中国保监会 2014 年 12 月颁布的《保险养老社区统计制度》规定，保险养老社区是指由保险机构投资并具有实际控制权，在一定地域范围内建立起来的集居住、养老和护理等多种功能于一体的综合服务社区。作为一种新的商业模式，保险养老社区的价值主张主要体现在客户价值和企业战略价值两个方面。

（1）客户价值

保险养老社区为保险客户提供了养老保障之外的养老增值服务。目前，大多数保险养老社区的客户价值主张是为经济发达的一二线城市的中产阶层老年人提供社区化、活力生活型、医养结合型、持续照护型的中高端养老服务。中产阶层的健康老年人是大多数保险养老社区的主要目标客户。在市场定位上保险养老社区大多倾向在经济发达、中产阶层规模较大的一二线城市进行布局，如表 5－1 所示。

表 5－1　　　　2018 年保费收入前 10 名寿险公司投资经营的
保险养老社区（截至 2019 年 2 月）

序号	公司	养老社区	目标客户	经营布局
1	中国人寿	国寿嘉园	高端	北京、天津、苏州、深圳、三亚
2	平安人寿	平安臻颐年	高端	桐乡
3	太平洋人寿	太保家园	中高端	聚焦集团保险主业高地城市、长三角等区域中心城市群、人口老龄化重度城市
4	华夏人寿		中低端	广州

续表

序号	公司	养老社区	目标客户	经营布局
5	太平人寿	梧桐人家	高端	上海、无锡、北京、深圳、海南、珠海
6	新华人寿	新华家园	中端	围绕京津冀、长三角、珠三角、成渝城市群等热点城市探索养老布局
7	泰康人寿	泰康人家	高端	北上广等一线城市
8	人保寿险	人保人家	高端	大连
9	生命人寿		中端	广东、北京、上海、海南
10	天安人寿			

资料来源：笔者根据中国银保监会网站及各大保险公司网站资料整理。

保险养老社区之所以采取上述市场定位，主要是老龄化趋势加剧，高收入阶层和中产阶层规模扩大以及消费升级三大原因所致。近年来我国中产阶层规模迅速上升，2020 年我国中产阶层人数达 4.72 亿。相关统计数据显示，截至 2018 年底，中国拥有 600 万元以上资产的"富裕家庭"已达 494 万户，"富裕家庭"总财富达 128 万亿元，其中包括了相当规模的中产阶层老年人群体。随着财富的增加、富裕人口的增多，老年人的养老消费观念也在升级。中高收入老年人群体对于高端养老社区的感兴趣程度与入住可能性逐年提高，2017 年上述两个指标分别达到 88％和 65％（于文哲，2020）。中高收入老年人对高端养老服务需求比较强烈，而现有福利性质的公立养老院和营利性质的民营养老院大部分只能提供较为低端的养老服务。面对国内高端养老服务的市场空白，各大商业保险公司利用自身在客户资源、资金实力等方面的优势积极投资经营高端养老社区，为中高收入老年人提供医养结合、持续照护型高端养老服务。在老龄化、中产阶层扩大和消费升级三大因素的推动下，高端养老社区蓬勃兴起。以泰康保险为例，截至 2020 年，泰康人家已开业 6 家养老社区，总入住人数超 3300 人，综合入住率 65% 以上。目前，保险养老社区提供的中高端养老服务在价值内容上主要体现为四大服务特色，即社区化养老、活力养老、医养结合、持续照护四大特色。

①社区化养老。不同于传统的居家养老和养老院养老，保险养老社区是一个集居家生活、养老和护理多功能于一体的综合服务社区，既保留了居家养老的亲情和舒适环境，又弥补了传统居家养老缺乏专业化服务的缺陷，既保留了养老院专业化服务的优势，又克服了传统养老院缺乏社区氛围、生活空间狭促的局限，让老年人享受到"居住在家中、生活在社区、服务在机构"的退休生活。例如，平安人寿的桐乡养老社区让老年人和子女生活在同一个社区，各取所需，共享天伦之乐，同时提供包括健康服务、护理服务、医疗服务、膳食服务、康娱服务、管家服务的八大服务模块，构建形成全配套社区服务体系。不同于传统养老机构的封闭式管理，新华保险的新华颐享社区通过"去机构化"的管理方式和创新型的短期体验项目，为居民提供更丰富的社交生活体验，以半开放式的街区设计，满足居民对"社交"和"家"的双重需求，提供了开放而多元的"家"式服务。同时，社区提出适度服务的理念。通过一站式管家服务体系、全面医疗服务保障体系、营养餐饮服务体系、文娱疗社工服务体系的有机结合，既保证"7×24 小时"的生活照料和医养服务，又避免过分涉足居民日常生活所带来的心理压力。针对入住居民的健康需求，社区侧重于医疗照护，让患有疾病、生活需要照护的居民，享受精细化的分级照护服务，为不同疾病状态的居民设置各项康复功能活动，帮助老年人恢复生活自理能力，保持高品质的生活形态。（朱艳霞，2021）

②活力养老。为老年人提供丰富多彩的文化和旅游活动，使其生

活充满活力，是保险养老社区力图为客户提供的重要价值内容，主要表现在：一是建设游泳馆、棋牌室、健身馆等休闲养生和文化设施；二是以老年大学等形式开展绘画、书法、养生、音乐、健身等社区活动；三是在全国各大中城市进行养老社区布局，方便老年人进行候鸟式、度假式养老。例如，中国人寿打造"三点一线，四季常青"养老养生产业战略布局，选择苏州、天津、三亚、北京等不同气候城市和适宜度假旅游的城市建设养老社区，将旅游休闲与养老相互融合，使客户可在一年四季选择气候最适宜的城市养老、旅游和休闲。

③医养结合。医疗是养老的关键问题，能否提供高水平的医疗、健康管理和康复护理服务是中高端养老服务的重要价值标志。以泰康之家为例，每个社区内标配拥有100床左右床位的二级康复医院，建立了"康复学科＋老年学科＋急诊急救"的特色专科，配置了"资深专家＋全科医生"的医疗团队；在选址上毗邻大型三甲医院，开通绿色通道，保证黄金抢救时间；房间内随处可见红色紧急报警按钮，如发生意外，医护人员、安保人员和生活管家会第一时间同时赶到现场（于文哲，2020）。同时，各大保险养老社区纷纷与高水平医院合作或自建、收购高端医疗机构，构建养老社区高水平医疗服务体系。例如，中国人寿在天津投资建设的"国寿嘉园·乐境"养老社区与国际顶级康复医院 TIRR 进行合作。泰康之家对标美国得克萨斯州医学城，打造与国际接轨的领先医疗产业示范园，投资运营泰康仙林鼓楼医院，与同济医院合作共建泰康同济国际医院。

④持续照护。按照美国老人住宅协会的定义，持续照护社区（CCRC）是指能够对于随着时间而有不同需求的年老居民能够持续性提供完整范围的住宅、生活服务与健康照护服务的养老社区。CCRC由活力居住物业、独立生活物业、协助生活物业和护理居住物业共同

组成，服务对象是高收入老年人。CCRC 对于老年人最重要的吸引力就是他们无须随着身体健康状况的需要而不断搬迁，只需要在社区中的物业间转移即可。身体健康的老年人可选择居住在活力居住物业或独立生活物业；身体健康状况下降了，则可逐步迁移到协助生活物业和护理居住物业中去。国内保险养老社区大量引进 CCRC 的持续照护模式，为客户提供全程化、一站式的连续养老服务。例如，平安人寿的桐乡养老社区配置亲子型养老公寓、非护理型养老公寓、半护理型养老公寓，让老年人在不同年龄段都能安享天年。太平人寿的"梧桐人家"设置了独立生活、协助生活、失能及失智护理等不同区域，为老人提供不同程度的照护服务。

（2）企业战略价值

为客户提供社区化、活力型、医养结合、持续照护的高端养老服务，是保险养老社区商业模式所要创造的主要客户价值，但这只是保险养老社区价值主张的一个方面。除此之外，保险公司还希望通过投资经营养老社区在提高资产管理效率、拓宽投资渠道、实现精准营销、进行风险控制、深耕产业链经营等方面能够为自身带来更多的"战略价值"。实际上，从盈利角度看，保险养老社区大多是"微利"项目，如果不考虑战略价值，就很难解释为什么保险公司会热衷于投资这种周期长、回报率低的项目。因此可以推断，战略价值应该是保险公司投资养老社区的主要动机。保险养老社区战略价值主要体现在：

①资产管理战略价值。保险资金规模大、成本低、期限长、追求长期稳定的收益，这些特点决定了保险资金与养老服务业之间具有良好的匹配度。投资经营养老社区有利于保险公司实现寿险资金与资产长期匹配，提高资产管理效率。资产负债匹配是银行保险等金融类企业风险管理的一条重要原则。按照这一原则，短期资产应与短期负债

相匹配,长期资产应与长期负债相匹配。保险资金负债匹配管理有多重要求:一是保险资金具有负债属性,客观上要求保险资金必须满足资产负债匹配原则,安排好资产负债的匹配结构,确保保险资金的安全性、流动性,并在此基础上实现收益性,以满足未来赔付的要求。二是保险的负债资金具有显著的长期性特点,要求保险资金配置追求久期匹配,通过久期来控制利率风险。从寿险角度看,寿险资金属于长期负债性资金,我国寿险负债久期一般在 15 年左右(寿险公司的平均资产久期为 5~7 年),相应地在资金运用中适合用较长存续期的投资与之匹配。养老社区投资经营所产生的现金流相对稳定,持续周期长,可以拉长资产久期,符合保险资金的资产负债匹配原则。三是保险资金配置追求绝对收益的要求,目标是长期投资收益超过负债成本。四是保险投资运用的核心是资产负债的管理。五是保险资金配置追求大类资产配置,保险资金配置追求安全性和一定的流动性。六是保险资金追求多元化的投资,分散投资风险。投资养老社区可在一定程度上满足上述保险资金的资产负债匹配需求。

养老社区的开发离不开大量的资金,项目建设周期长,后期运营也需要大量资金。美国养老地产行业数据显示,养老地产行业年收益率在 8%~10%,行业利润率并不高,投资回收期在 10~20 年之间,养老地产投资和回报周期都很长,但每年持续大量的保费收入可以为投资养老地产提供了长期稳定的现金流,不会轻易发生资金链断裂的情况,不像房地产如果建成之后不出售就很难获得新的现金流。这对偏好持续稳定收益的商业保险公司来说具有吸引力。

②投资战略价值。养老社区的核心资源是养老地产。投资养老社区是保险公司投资不动产的重要渠道。以养老社区为平台,保险公司可以进一步投资公寓租赁、医疗服务、健康管理、老年人护理等实体

项目，在参与实体经济发展的同时，也拓展了保险资金的投资渠道，并且能够在一定程度上分散保险资金在传统金融产品领域的投资风险，保险公司投资的养老社区可以通过自身稳健经营获取良好的长期收益。最重要的是可将保费收入用于养老社区的前期建设，用客户的钱建设养老社区，而后再通过养老社区提供养老服务，从而回收前期投资，并增加保险公司收入，也能保持客户资产的增值。这是一个双方互利互惠的模式。

③营销战略价值。将保险客户引入了养老社区，不仅使保险公司的保险产品更具特色，还有利于吸引新的客户，有助于保险公司实现精准营销，提高差异化竞争能力。保险养老社区还具有一定的信号传递效应，可向潜在客户展示保险公司的实力，吸引更多客户购买保险产品。同时通过嵌入相关场景可以使保险产品的设计更富于差异化，增加更多的附加值，从而对不同收入水平和服务需求的客户进行精准营销，实现差异化竞争。通过经营养老社区，保险公司可获取有潜在购买能力的老年人的健康信息和服务需求，便于进一步开发适合老年人的各种保险产品，如老年人护理保险、丧葬保险等，拓展保险产品的创新空间。

④风险控制战略价值。保险养老社区以服务给付替代现金支付，实现了保险产品实物化。相比于传统现金支付的赔付方式，实物化赔付方式有利于减少客户的道德风险，降低理赔成本。例如，对购买了养老保险及某些商业医疗保险的客户而言，如果他在退休后选择传统居家养老方式，那么由于缺乏经常性的健康管理和医疗服务，患病概率较大，导致医疗费用增加，相应增加了医疗保险的赔付成本。如果该客户选择入住保险养老社区，由于得到高质量的健康管理、医疗和护理服务，患病概率下降，导致医疗费用减少，相应也就减少了医疗

保险的支付成本。这与"管理式医疗"在风险控制上有异曲同工之妙。

⑤平台战略价值。保险养老社区相当于一个集多种服务于一体的养老平台。保险公司可利用这一平台，开发与老年人有关的护理保险、健康保险、养老保险、医疗保险、各类责任保险、财产类保险等与养老有关的不同保险产品，形成不同险种之间的协同效应。商业保险机构可将健康保险产品、养老保障产品与自身开发的养老社区相结合，将投保人的健康保障、养老保障与保单有效期内的投保人健康管理、疾病防治、养老需求紧密结合起来，最终形成养老、医疗的平台整合，解决投保人的养老、医疗之忧。

⑥产业链战略价值。以养老社区为核心，向上连接退休理财、投资基金等其他老年金融业务，向下延伸至老年保健、医疗护理、生活照料、老年设施等相关领域，可以进一步拓展康养类保险产业链，通过深度挖掘保险公司现有客户的保险需求，将健康保险、养老保险与入住养老社区进行产业链整合，并实现保单实物化。

5.2.2 保险养老社区特征交易型经营网络

传统上，老年人享受养老保险和获得养老服务分属于保险业与养老服务业两个不同的行业，两个行业之间互不相连，基本上不存在行业间的市场交易。保险养老社区打破了养老保险与养老服务之间的行业阻隔，创造出两种形式的特征交易：一是商业保险公司通过自建、收购或控股和战略联盟等方式跨界经营养老服务，形成保险与养老的深度合作关系；二是消费者购买养老保险产品，不仅与商业保险公司产生交易关系，而且同时也与养老机构产生交易关系，形成了养老保障与养老服务一体化供给的交易模式。基于上述特征交易，保险养老社区形成了独特的经营网络，主要涉及养老地产建设和养老社区经营两个方面。

（1）养老地产建设

养老地产是保险养老社区的核心资源和基础设施。对于保险公司而言，如何建设养老地产是一个构建保险养老社区经营网络的一个基础性问题。目前，保险公司建设养老地产主要有自建、收购或控股和战略联盟三种方式。

自建是指保险公司运用自有资金投资、规划、建设养老地产，由于需要投入大量资源进行投资建设，这种模式往往也被称为"重资产模式"。目前，国内资本雄厚的大型商业保险公司大多采取自建模式投资建设养老地产。如泰康人寿的"泰康之家"、中国人寿的"国寿嘉园"、中国太保的"太保家园"等。

与自建相比，股权收购是一种"轻资产"模式，主要有两种方式：一是直接收购控股，即保险公司通过资本运作直接收购相对成熟的养老地产股权，实现保险与养老的业务协同，如合众人寿收购海外成熟养老社区，在国内收购长三角地区7家养老院等。二是间接控股，即保险公司先收购某家房地产公司的股权，再通过房地产公司开发养老地产，并实现对养老地产的间接控制，如中国人寿收购远洋地产的股权、泰康人寿收购保利地产的股权、平安人寿收购碧桂园、旭辉控股、华夏幸福等房地产公司的股权。

战略联盟模式也属于"轻资产"模式，大致有两种类型：一是保险公司与养老地产经营商签订双边战略合作协议，保险公司负责向养老社区提供一定的养老客源，并负责养老费用的支付，养老地产经营者则保证保险公司的客户有一定入住优先权和其他优惠条件。如2019年同方全球人寿推出"自得会"医养结合服务解决方案并与上海天地健康城合作，客户购买同方全球人寿的指定产品，即可享有专属的养老服务公寓使用权。二是多家保险公司与多家养老地产经营机构利用互联网共建资源共享、信息共享的平台，如2016年成立的"中国保险养老社区联盟"就是网络化的养老资产投资与运营平台，按照该联盟的规划，到2021年，实现100个养老社区项目加入联盟平台，直接或间接服务超过5万位客户，建立全球化养老社区网络体系，与50家保险公司签订养老社区保单销售协议。

无论自建养老社区的"重资产"模式，还是收购控股养老地产或与养老地产经营商建立战略联盟的"轻资产"模式，都各有优劣。"重资产"模式资金投入大，回报周期长，回报率低，但易形成规模经济、提高服务效率，同时能够与保险业务及其他业务板块产生战略协同效应，也利于商业保险公司根据自身战略投资经营养老服务，比较适合资金雄厚的大型保险公司。"轻资产"模式资金投入少、简单灵活，但很难形成规模经济，同时对养老产业链的参与、整合力度较小，相对适合资本实力不足的中小保险公司。当然，在实践中，两种模式并非截然对立，一些保险公司就采用"轻+重"结合的混合策略。例如，中国太保提出"轻重结合、先重后轻"的保险养老社区发展思路，而中国太平以发展轻资产模式为主要战略，同时也不放弃大型养老社区建设，选择"两条腿走路"。随着国内养老地产产业生命周期的演化，"重资产"模式与"轻资产"模式可能会呈现一种阶段性的规律变化，即在养老地产发展初期以"重资产"模式为主，这主要是由于：第一，在中高端养老地产发展初期，成熟的高端养老地产相对匮乏，一些大型保险公司在进军高端养老服务业时，不得不自己投资建设高端养老社区。第二，在中高端养老地产发展初期，不确定因素较多，保险公司自建养老社区，便于根据新情况随时调整经营战略，控制风险，也可避免与多方合作可能产生的各种交易成本和履约风险。但随着中高端养老地产逐渐进入成长期，收购控股、参股、战略合作等"轻资产"模式的比例将会超过"重资产"模式。当中高端养老地产进入成熟期后，"保险养老社区联盟"类型的"轻资产"模式将会成为保险养老社区的主流。

（2）保险养老社区经营平台

与传统养老机构相比，保险养老社区在经营上更具有平台经营属性，即将养老社区作为一个产品和服务的集成平台，各种服务于老年人的养老保险产品、健康保险产品，以及日常照料服务、娱乐文化服务、医疗服务、康复护理服务等增值服务也可以在养老社区平台上进行相互整合，从而为保险客户以及入住老年人提供健康和医疗保障、资产管理、医养结合服务等多种商业价值，进一步实现养老服务专业化、医疗服务高端化、社区居家化养老、养老社区连锁化和"保险 + 养老"产业链经营，如图 5 - 1 所示。

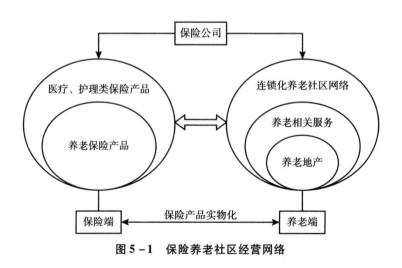

图 5 - 1　保险养老社区经营网络

①养老服务专业化。在养老社区平台基础上，保险公司进一步开发各种养老相关服务。保险养老社区提供的养老相关服务种类繁多，但核心是医养结合服务，包括日常养老服务和医疗服务。对于日常养老服务，保险养老社区一般采取养老服务专业化的经营模式，由专业化服务团队提供高水平的日常生活照料和护理服务是保险养老社区重要运营模式。为提升养老服务水平，一些国内保险公司与国外专业养老公司合作，借助外部资源为项目提供专业保障，并借此学习国外先进管理经验，如国寿保险苏州项目由美国养老机构"美丽花园"负责运营；泰康人寿保险与美国 ABHOW 养老管理公司等合作，为公司提供项目管理和培训支持。

②医疗服务高端化。医疗服务是保险养老社区重要的核心竞争力。为了提升核心竞争力，实现差异化竞争，保险养老社区多引入高端医疗机构，为客户提供高端医疗服务。如泰康保险对标美国得克萨斯州医学城，建立以医疗服务为核心，医教研险资五位一体、与国际接轨的领先医疗产业示范园。在综合医院方面，投资运营泰康仙林鼓楼医院，与同济医院合作共建泰康同济国际医院，不断推进与顶级医院合作，打造区域医疗中心。

③社区居家养老。保险养老社区重视将社区居家养老的特色融入其中。以泰康之家的燕园项目为例，它提供的住所是公寓式的，包括小一室一厅、大一室一厅和两室一厅等，装修各具特色，迎合了不同偏好老年人的需求。

④连锁化经营。2007 年时任泰康人寿董事长陈东升曾提出以如家连锁酒店模式改造养老院的创业构思，后来的泰康之家保险养老社区就采取了连锁化的经营模式。目前，各大保险公司旗下的保险养老社区大多采取了直营连锁模式。主要表现在：一是采用同一品牌。各大

保险公司旗下的保险养老社区多采取"保险公司简称＋"的命名方式，以利用保险公司长期形成的信誉优良的品牌形象，提高客户信任度，又凸显了保险养老社区的连锁经营特色。如泰康人寿的"泰康人家"系列、中国人寿的"国寿嘉园"系列、合众人寿的"合众优年"系列、中国太保的"太保人家"系列、新华保险的"享"系列（如海南博鳌乐享社区、北京莲花池尊享社区，北京延庆颐享社区）。二是采取统一服务模式，如"泰康之家"各地的分园都采取持续照护社区即CCRC模式和统一收费模式，既有利于养老保险产品的营销，又便于客户在同一公司旗下的不同保险养老社区进行旅游和迁移，从而实现"候鸟式"养老，改进客户体验。泰康之家保险养老社区在北京、上海和广州都有自己的养老旗舰社区，而且每个社区都离市中心不远，泰康保险计划未来在全国各地都建设自己的养老社区，客户可以选择去全国各地养老，这有利于解决父母离子女远的问题。

⑤产业链经营。保险养老社区通过对保险产品的实物化与保险公司的保险产品经营构成了一条"保险＋养老"产业链，产业链前端为"保险端"，后端为"养老端"。前端与后端之间形成多重的相互支持关系。首先，后端的养老相关服务平台为前端的保险产品开发、营销提供支持。保险公司可利用后端提供的各种养老相关服务设计开发新的养老相关保险产品，同时，保险公司还可利用后端养老社区开展"体验式营销"，即让潜在客户参观或在养老社区短期入住体验，激发其购买前端养老相关保险产品的兴趣。其次，后端的养老相关服务特别是医疗服务能够产生类似"管理式医疗"的效应，有利于控制保险公司的赔付费用。这是因为，购买前端保险产品的客户入住养老社区后，由于得到高质量、连续性的医疗服务和保健服务，其患病概率降低，医疗保险的支付费用也相应减少。最后，前端保险产品营销效率

的提高，会为后端养老社区提供更多的客户资源，提升养老社区的入住率。

5.2.3 保险养老社区的盈利逻辑

保险养老社区的盈利模式一直被认为不够清晰。的确，保险养老社区投资规模大、投资回收周期长、投资回报率低、资产流动性差，单纯从盈利角度看，并非一种高收益的投资项目。但如前所述，获得高利润并非保险公司投资经营养老社区的主要目标，其更深层次的动机是为了获得在资产配置、投资渠道、营销、风险控制、产业链经营等方面的战略价值。当然，要实现上述战略价值，保险养老社区还是必须保证一定的盈利性，以维持其持续经营。保险养老社区的盈利逻辑主要取决于其收入模式和成本结构（戴锦，2020）。

（1）收入模式

在美国，入住高端养老社区的老年人一般需要支付一次性会员费、每月固定费用及服务项目的费用（王旭育，2016）。与此类似，我国保险养老社区的收入来源除了极少数包含养老地产销售收入外，主要也依赖于入门费收入、养老公寓月租收入和养老相关服务增值收入。

①养老地产销售收入。按照 2010 年 9 月颁布的《保险资金投资不动产暂行办法》相关规定，保险公司投资的养老地产只能是租赁形式不能出售转让。这一政策限制了保险公司将养老地产作为商品房进行销售。但是，也有一些保险公司通过某种方式绕开这一政策壁垒，如增持房地产公司股份以借助房地产公司间接开发"可租可售"的养老地产，或者利用自有资金开发"可租可售"的养老地产，如中国平安的"桐乡养生养老综合服务社区"项目由平安不动产公司负责，资

金来自集团的自有资金，不涉及保险资金，该社区的部分项目采取"租赁＋出售"的收入模式。养老地产的销售收入模式主要面临两方面难题：一是房地产市场风险较高，如果保险公司动用保险资金开发销售养老地产，就会与保险资金的低风险属性发生冲突，因此目前保险公司只能通过增持房地产公司股份或利用保险资金之外的其他资金如自有资金等间接方式进行可售型养老地产开发；二是保险公司很难控制可售型养老地产的销售或转售对象，这会使养老地产逐渐丧失其养老属性，并导致养老相关配套服务逐渐失去价值。总之，在建立完善的销售对象甄别机制前，养老地产销售收入模式的可行性并不高。因此，除个别保险养老地产项目外，绝大多数保险养老社区都采取租赁收入模式。

②入门费收入。入门费指入住养老社区所必须缴纳的一笔可退还的押金，缴纳入门费方可获得养老社区的入住资格，此外还包含社区设备、设施使用的押金，及应对可能突发健康事件的大病押金。以"泰康人家·燕园"项目为例，其入门费包括两种缴费方式：一是一次性缴纳。入门费的收取标准为入住前一次缴足 20 万元/户购买"乐泰财富卡"，获得保证入住权。二是挂钩保单。购买了泰康"乐享新生活"养老年金保险，且已缴保费达 200 万元，可免去入门费，直接获得保证入住权，这种模式也被称为"保单实物化"。从盈利角度看，入门费在某种意义上相当于保险公司获得了一笔不定期的无息贷款，可用于投资一些低风险、流动性高的资产，以获取相应收入，当然，这类收入不是保险养老社区收入的主要来源。

③月费收入。月费收入主要包括月租收入和服务费收入，主要有两种形式：一是月租与服务费分离模式，即客户每月支付固定月租，主要包括房租和基本的物业管理费用，然后自行决定购买养老社区的

哪些增值服务并支付相应服务费用。二是月租收入与服务费收入捆绑模式，即不同等级的养老公寓户型配置不同等级的增值服务，每月按照户型一次性包括月租和服务费在内的固定月费。"泰康人家·燕园"就采取这种月费模式，如表 5 - 2 所示。

表 5 - 2 　　　　"泰康之家·燕园"住宅费用价格 　　　　单位：元/月

户型	人数	优惠价格	房屋使用费及居家费用房屋使用费和居家费用包含项目	餐费	合计
一居室	1 人	8600	包含项目：房屋基本居住费用；设备设施及家具家电的使用、物业费用、定额的能源（水、电、供暖等）无线网络及有线电视的费用、相关税费等；生活管家服务、社区各类会所费用、定期交通车、社工服务及各类活动组织、基础的健康管理服务、定期入户保洁等	1800	10400
一居室	2 人	11000		3600	14600
舒适一室一厅	1 人	12800		1800	14600
舒适一室一厅	2 人	15600		3600	19200
温馨一室一厅	1 人	16000		1800	17800
温馨一室一厅	2 人	19000		3600	22600
两居室	1 人	25500		1800	27300
两居室	2 人	28900		3600	32500

资料来源：根据泰康之家·燕园相关资料整理。

泰康之家·燕园的自理型客户一般采取普通月费模式，对应养老社区提供的基础服务包；介助、介护型客户月费为"普通月费 + 护理费"，护理费与客户护理等级及所需护理服务挂钩。两种月费收入模式相比较，在第二种模式中，客户在入住前就必须将所要购买的各种服务及其费用确定下来，自由选择的机会少，而在第一种方式中，客户入住后可根据实际需要自由选择购买何种增值服务，选择机会多，也有利于降低客户的消费成本，同时对养老社区调整服务项目、提高服务质量产生激励，因此月费分离模式比捆绑模式更有潜在优势。

④增值服务收入。增值服务收入是指养老社区为客户提供的休闲娱乐、生活管家、社区会所服务、医疗护理服务所产生的收入。增值服务是不同养老社区差异化竞争的重要因素，从发展趋势上看，增值服务收入在今后保险养老社区收入结构中的比例将逐步上升。

总之，在"只租不售"模式下，保险养老社区的收入结构可表示为：

$$总收入 = 入门费收入 + 月租收入 + 增值服务收入$$

在影响保险养老社区收入的各种因素中，入住率是最重要的因素，入住率与入门费收入、月租和服务收入都是正相关的关系。进一步分析，入住率又主要受三个因素影响：一是保险端的养老保险产品营销水平。养老保险产品营销水平越强，养老保险销售越好，养老社区潜在入住率就会越高。二是养老端的增值服务质量。增值服务质量越高，养老社区对老年人吸引力越强，入住率就会越高。三是入住率对入住价格的价格弹性。一般来说，在保险养老社区发展初期，高端养老机构较少，客户选择范围小，入住率对入住价格的弹性较低，在这种情况下，即使入住价格较高，也不会对入住率产生太大影响。但随着高端养老机构的不断增多，保险养老社区替代品的增多，入住率对入住价格的弹性逐渐上升，此时保险公司需考虑逐步降低入住价格，或者说进一步向中端养老市场扩展，才能保证入住率。

（2）成本结构

保险养老社区的成本结构可以简单表示为"养老地产建设成本 + 养老社区运营成本"。在保险养老社区成本结构中，比重最大的是养老地产建设成本中的土地成本。目前国家土地政策尚无"养老产业用地"的专属分类，养老项目通常只能按商服、商办、医卫等性质拿地建设，如太平人寿"梧桐人家"养老社区的用地性质为50年使用权的"医疗卫生用地",土地成本较高。今后,要鼓励保险公司投资经营养老社区,就必须改革土地政策,降低养老地产建设成本,如设立"养老服务用地"或"健康产业用地"门类、适当延长养老服务用地使用年限、减免养老地产的房产税或给予一定建设补贴等。另一方面,为了减少养老地产建设成本,保险公司也可更多采取收购控股、与养老地产开发商战略合作等"轻资产"模式。

5.2.4 保险养老社区商业模式的价值逻辑与商业模式创新

保险养老社区作为保险业跨界经营的一种新的商业模式,其基本的商业逻辑可以概括为:保险公司通过投资经营中高端养老社区,实现保险产品与养老服务的对接,为中产阶层老年人提供社区化、医养结合、持续照护的养老服务,在保持一定盈利水平的前提下,实现多方面的战略价值,如图5-2所示。

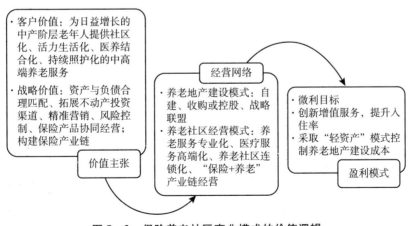

图5-2 保险养老社区商业模式的价值逻辑

随着保险养老社区的进一步发展，一些潜在风险将会逐渐暴露出来，如重资产化带来的投资风险、高端养老市场饱和风险、经营成本风险等等，因此保险养老社区需要根据市场变化不断进行商业模式的创新。基于元模式的概念模型，笔者认为，可从价值主张、经营网络、盈利模式三个方面推进保险养老社区商业模式创新：

　　在价值主张创新方面，随着高端养老市场日趋饱和，保险养老社区应进一步调整市场定位，具体表现为两个方面：一是从高端养老服务市场向中端养老服务市场扩张，由经济发达的一线城市在经济发展潜力较大的区域中心城市中开发保险养老社区。高端养老社区的客群也不再限于高净值客户，随着老年人养老消费观念的升级，高端养老社区的居民中非"高知、高干、高管"的普通人将越来越多，需要保险养老社区通过优化房型户型、优化运营效率和科技赋能来降低成本和收费，以使普通人的入住愿望拥有实现的可能。二三线城市特别是中西部的各大中心城市中也存在不断增长的中产阶层老年人群体，由于故土难离等原因，这部分老年人不一定愿意去东部经济发达的一线城市养老，但对中高端养老服务也有较大需求，且二三线城市土地成本低，开发养老社区的建设成本也相对较低。上述因素为保险公司进一步开发中端养老社区提供了有利条件。二是将目标客户从健康老年人转向空巢老年人、高龄老年人和失能、半失能老年人三大群体。目前我国保险养老社区多倾向于面向健康老年人群体的"活力养老"，但在现实的市场开发中，需要入住的客户多为自理能力较差的高龄老年人，如泰康在北京、上海、广州三地养老社区入住的老人平均年龄为78岁。根据国家相关规划，机构养老应以失能、半失能老人为主要服务对象，提供专业的长期照护服务。根据现实需求和政策导向，今后保险养老社区应以中产阶层中的空巢老年人、高龄老年人和失能、半失能老年人三大群体为主要目标客户，围绕这三类老年人创新保险养老社区服务内容。

在经营网络创新方面，一是在养老地产建设模式上，应更多采取保险公司与房地产商合作开发养老社区的"轻资产"建设模式，既可发挥各自优势，又可减少投资风险；二是在养老社区运营模式上，应打破不同保险养老社区之间的壁垒，鼓励各保险公司自建的养老社区相互开放，建立养老社区共享平台，以提高入住率、盘活养老社区资源。

在盈利模式创新方面，借鉴发达国家养老地产开发运营模式，保险养老社区可考虑以月租、服务费等现金流为基础发行房地产信托投资基金 REITs，既有利于缩短投资回收期，又可分散投资风险。在成本控制方面，应减少不适合老年人的某些硬设施投资，如大型室内游泳池、图书馆等等，增加一些适合老年人生活情趣的低成本设施，如小型鱼塘、花园、菜地等等，同时应多开发一些低成本低的社区文化活动、养生保健活动等等。

参考文献：

[1] 戴锦．基于元模式视角的保险养老社区商业模式研究［J］．兰州学刊，2020（5）．

[2] 郭旭．保险公司投资养老地产策略研究［D］．大连：东北财经大学硕士论文，2013.

[3] 欧新煜、赵希男．保险公司投资养老社区的策略选择［J］．保险研究，2013（1）．

[4] 裘旭波．中国养老地产存在问题及突破途径——中美养老地产对比分析［J］．中国房地产，2013（9）．

[5] 权国占．我国保险公司投资养老地产研究——以泰康为例

［D］．天津财经大学硕士论文，2017.

　　［6］任云鹏．保险公司投资养老社区研究［D］．北京：中共中央党校硕士论文，2014.

　　［7］万云．养老社区显现投资机会　保险公司探索新商业模式［N］．中国经营报，2010－04－07.

　　［8］王旭育．基于社区模式的美国养老地产发展研究与启示［J］．城市发展研究，2016（5）.

　　［9］于文哲．高端养老社区兴起，说明了什么？［N］．中国银行保险报，2020－01－06.

　　［10］钟雯．我国保险公司投资养老地产的SWOT分析［J］．保险职业学院学报，2017（8）.

　　［11］朱艳霞．"险"字号养老社区又增员"重资本"棋局再落子［N］．中国银行保险报，2021－05－19.

第 6 章

"保险＋健康服务"商业生态圈

在积极介入实体医疗、互联网医疗、医养结合服务等健康服务实体经济领域，不断创新"保险＋实体医疗""保险＋互联网医疗""保险＋健康养老"等"保险＋健康服务"商业模式基础上，商业保险公司进一步探索构建"保险＋健康服务"商业生态圈战略，持续推进商业保险业与健康服务业融合发展的战略转型。

6.1 商业生态系统理论

商业生态系统也称商业生态圈，它是美国学者詹姆斯·弗·穆尔（James F. Moore）借助对自然生态系统的类比，提出的一个描述企业活动的概念。穆尔认为，商业生态系统是一种"基于组织互动的经济联合体"，或者进一步说，是"商业生态系统是一种由客户、供应商、主要生产商、投资商、贸易合作伙伴、标准制定机构、工会、政府、社会公共服务机构和其他利益相关者等具有一定利益关系的组织或群体构成的动态结构系统"（Moore，1993；1998）。与传统企业战略理论相比，商业生态系统理论特别强调，企业不应被视为原子式的市场实体，而应被视为商业生态系统的成员，如何与商业生态系统共同演化而非一味追求战胜竞争对手，应成为注重企业生态的新的时代背景下企业战略的侧重点。

6.1.1 传统竞争战略理论

从战略管理角度看，商业生态系统理论在反思传统竞争战略基础上提出了一种新的企业战略——商业生态圈战略。商业生态圈战略理论认为，企业之间不仅存在相互竞争，同时也存在类似生态圈共生关系的合作与协同。企业生存和发展的关键不是如何打败竞争对手，而是通过有效的相互合作创造新的更为丰富的商业价值。

长期以来，企业战略管理理论的核心内容是竞争战略。20 世纪 80 年代著名战略管理学家迈克尔·波特提出的"波特竞争力"模型或称"五力模型"以及 20 世纪 90 年代普拉哈拉德和哈默尔等人提出的核心竞争力理论是传统竞争战略理论的代表。波特竞争力模型依据产业组织理论提出，在行业竞争中存在五种基本的竞争，即企业与供应商的讨价还价竞争、企业与购买者的讨价还价竞争、企业与潜在竞争者的竞争、企业与替代品企业的竞争以及企业与行业内其他同行企业的竞争。上述五种竞争力量的变化，决定了行业的竞争激烈程度以及企业的获利能力。规模经济、经验曲线、进入壁垒等一系列产业组织因素成为制定企业竞争战略的关键。核心竞争力理论则认为，企业要想赢得市场竞争，关键是构建核心竞争力，即企业在经营过程中形成的不易被竞争对手仿效、并能带来超额利润的独特能力。企业核心竞争力是建立在企业核心资源基础上的企业技术、产品、管理、企业文化等综合优势在市场竞争中的体现。在激烈的市场竞争中，企业只有具有核心竞争力，才能获得持久的竞争优势。

无论是波特竞争力模型还是核心竞争力战略理论都基于两个共同的重要假定：一是企业之间只存在基于零和博弈的竞争关系，市场如战场，不仅同行之间互相视为竞争对手，而且上下游企业之间、企业与客户之间也都被视为你赢我输的竞争关系。二是企业竞争优势的来源是企业内部的资源和能力，如技术优势、规模优势、企业文化优势等等。以波特竞争力模型和核心竞争力战略理论为代表的传统战略管理理论与工业经济时代价值创造以单个企业为主，商业模式相对稳定的市场环境相适应，重点从竞争优势、资源基础观、动态能力等视角对企业之间的市场竞争关系进行了系统的分析。

但随着互联网经济的发展，市场环境出现了三大显著变化：一是消费者整合性需求迅速上升，消费者越来越希望通过一次性的交易就可以解决一揽子的个性化需要，而单个企业越来越无法独立为消费者提供一揽子产品和服务。为了满足消费者对一揽子产品和服务的整体需求，企业必须与产业链上的相关企业更加紧密地合作。二是产业边界日益模糊，互联网极大降低企业跨界经营的交易成本，传统的行业壁垒逐渐缩小，以往明确对立的竞争关系逐渐转变为"你中有我，我中有你"的竞合关系。为了增加了各自的市场机会，不同行业的企业需要加强相互合作。三是企业的竞争优势不仅来自内部的资源和能力，同时越来越依赖对外部合作伙伴资源和能力的控制和利用程度。四是互联网技术使组织间的信息交流效率大大提高，打破传统的企业信息壁垒，通过一个平台就可以将伙伴企业的不同业务连接在一起。由于市场环境的上述显著变化，以波特竞争力模型和核心竞争力理论为代表的传统战略管理理论所强调的企业核心能力的单一性及刚性，越来越不适应基于消费者需求的整合性、产业边界模糊性形成的新的市场环境,传统战略管理理论越来越无法解释互联网发展背景下跨产业无边界合作的组织管理实践,于是强调企业之间竞合关系的商业生态系统理论应运而生。

6.1.2 商业生态圈战略

借助生物学或生态学的类比研究人类社会的经济、政治和文化现象的方式在社会科学研究中由来已久,演化经济学、工业生态学以及商业生态系统理论等都采取这种类比式的方法论。但是相关理论在进行生态学类比时选取的视角差异很大。例如,工业生态学将工业系统类比为"生态系统",实际上强调的是工业系统与自然生态系统一样具有由生产者、消费者、分解者构成的物质循环利用的类食物链结构,其中资源回收与利用部门在整个工业生态系统中承担了分解者或还原者的功能(戴锦,2005)。与工业生态学不同,商业生态系统理论虽然也将企业活动体系类比为"生态系统",但强调的不是资源循环利用,而是企业网络与自然生态系统在互利共生关系方面的相似性。商业生态系统本质上就是指不同企业构成的互利共生网络,从商业生态系统的共生性或网络性出发,形成了两种类型的商业生态系统以及视角(潘剑英,王重鸣,2012)。第一种视角侧重于生态方面,强调商业生态系统是由众多具有共生关系的企业构成的经济共同体。在这个系统中,成员企业处于不同的生态位,并通过合作来创造单个企业无法独立创造的价值(Iansiti and Levien,2004;Kim,2010)。第二种视角侧重网络方面,将商业生态系统视为一种由围绕在某项核心技术周围、相互依赖的供应商和客户组成的网络(Den Hartigh,

2004)。

商业生态系统本质上仍然从属于商业模式范畴，因此在不少研究文献中，"商业模式"与"商业生态系统"经常可以互用，例如平台商业模式常被称为平台型商业生态系统。但与一般商业模式相比，商业生态系统更为强调参与者的互利共生关系和价值共创逻辑，或者说，商业生态系统是一种主要基于企业共生网络和价值共创逻辑的商业模式。因此，商业模式特征交易模型经过适当改进也适用于分析商业生态圈战略。具体来说，基于商业模式特征交易模型，商业生态圈战略可细化为战略主张、共生网络、价值共创逻辑三个基本要素：

（1）战略主张

战略主张源于商业模式的价值主张，但其内涵又比价值主张更为丰富，不仅包含要为客户、合作伙伴和企业自身创造哪些商业价值，而且还包含企业通过构建商业生态圈所要实现的战略定位、战略愿景等内容。

（2）共生网络

共生网络是商业生态系统的经营网络。其中，网络成员之间协同互惠型的"共生关系"往往构成其特征交易的基础。对于商业生态系统共生网络的构成，穆尔（1998）认为主要包括客户、供应商、主要生产商、投资商、贸易合作伙伴、标准制定机构、工会、政府、社会公共服务机构和其他利益相关者等。这一观点并没有从生态功能角度对商业生态系统的成员进行明确分类。扬西蒂和莱温（Iansiti and Levien，2004）认为，商业生态系统是一种由众多具有共生关系的成员构成的经济共同体，各成员分别扮演核心企业、主导企业、利基企业等不同角色。

自然生态系统是由生物成分和非生物成分构成的，这两大成分又可细分为六种构成成分（孙儒泳等，1993）：①无机物质（如氧、二氧化碳、水）；②有机化合物（如蛋白质、腐殖质）；③气候因素（如温度、湿度、风、雨雪）；④生产者（如绿色植物等自养生物）；⑤消费者（如植食动物、肉食动物等异养生物）；⑥分解者（如细菌、真菌等异养生物）。在自然生态系统中，植物所固定的能量通过一系列取食与被取食关系在生态系统中传递，各生物成分通过能量传递关系形成错综复杂的食物链和食物网。处于食物链某一环节的所有生物的总和构成了一个营养级或称生态位。生态位显示了一类生物与处在不同营养层次上的另一类生物的关系。借助对自然生态系统结构功能的描述，我们也可以将一个商业生态系统的共生网络描述为六个方面：①外部环境，类似于自然生态系统的气候因素，主要指与商业生态系统密切相关的外部因素，如市场需求状况、政府的相关政策、公共服务设施等；②基础设施，一般指商业生态系统成员进行价值共创的平台，如大型超市、电子商务平台、某一集成化产品（如汽车、手机）；③基础设施运营参与者，包括基础设施的建设者、维护者、投资商、运营者、终端产品生产商等；④基于基础设施不同生态位上的价值创造者，如供应商、生产商、服务运营商等；⑤价值整合者，即产品或服务的整合者；⑥客户。

（3）价值共创

一般来说，商业生态系统的价值创造具有两个特点：第一，大多数重要的商业价值不是某个系统成员单独创造的，而是需要不同生态位上的企业相互合作才能创造出来。第二，商业生态系统最终要为终端客户提供一种整合型的商业价值，而非单一的消费价值。如消费者购买一部手机的商业价值就不仅仅是打电话，还包含信息交流、娱乐游戏、消费支付、金融投资等多种价值，包括手机制造商、移动通信商、网络运营商、App 提供商、内容提供商等手机商业生态系统众多成员的价值共创。

基于商业生态系统概念的商业生态圈战略就是将商业生态系统成员之间的互利合作和价值共创视为核心战略思维，以此为依据，研究者们提出了若干商业生态圈战略模型。扬西蒂和莱温（2004a）从创新动态性、网络关系复杂性两个方面来考察企业所处商业环境状况，构建了一个商业生态系统内部企业"角色－战略"匹配模型。该模型指出，在不同的商业环境中，企业可根据自身目标和环境的特征确定自己在系统中扮演的生态角色，选择相应的战略，主要包括骨干型、利基型、支配型和商品型四种战略。其中，骨干型战略侧重于创设平台，并促进在系统网络中共享问题解决方案，这种战略成功的关键在于实现价值占有和价值共享之间的平衡；利基型战略是依靠商业生态系统骨干企业提供的服务，专注于一些专门领域的价值创造活动；实施支配型战略的企业要承担绝大多数价值创造活动，同时也占有大部分的价值；而实施商品型战略的企业自己很少创造价值，却试图要从商业生态系统中攫取大量价值，这会对商业生态系统的健康发展构成一定威胁。金等（Kim et al.，2010）提出了旗舰企业的战略选择模型。根据这个模型，旗舰企业应基于商业生态系统的两个特征（知识密集度和环境动荡性）进行战略选择，即在由知识密集度和环境动荡性构成的稳健型、创造型、协作型和生产型四种战略中进行选择。其中，稳健型战略强调企业通过构建风险管理系统增强应对外部变化；协作型战略是指企业要注重系统内部信息共享，加强与合作伙伴的稳定持续的信息交流；创造型战略强调企业应该扩大信息来源渠道，通过整合信息开发出新产品或服务；生产型战略强调企业应该注重市场需求以提高市场占有率。

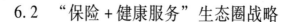

6.2 "保险＋健康服务"生态圈战略

近年来商业保险业加快战略转型，日益重视商业生态圈建设，在战略上从关注核心竞争力转向注重构建产业生态，重视跨界合作和价值共创，从而构建"保险＋健康服务"生态圈，谋求生态优势。"保险＋健康服务"生态圈战略的核心战略目标是实现理赔服务化，做到非现金理赔，包括用药品支付、用医疗服务支付、用养老服务支付等。

6.2.1 发达国家商业保险业的"保险＋健康"生态圈战略

发达国家一些商业保险公司在实施"保险＋健康服务"生态圈战略方面积累了一些成功经验，其"保险＋健康服务"生态圈通常由健康产业链和寿险产业链两条产业链构成。其中，健康产业链作为寿险价值链的延伸，既可与寿险主业形成良好的协同效应，促进保险产品销售、为客户提供更多的附加值服务，又能延伸投资链条，形成多元盈利格局。

以美国健康保险集团联合健康为例，从 20 世纪 70 年代起，联合健康就着手整合健康管理、健康信息技术、健康保险等相关业务板块，构建"保险＋药品福利管理＋健康管理"商业生态圈（杜建成，2017；杨铮，2020）。联合健康的"保险＋药品福利管理＋健康管理"商业生态圈主要包含两大平台：健康保险（United Healthcare）和健康服务（Optum）。健康保险业务的用户群又分成四大类，其中以政府业务为主的医疗保险优势会员的快速增长是保险业务收入的重要拉动因素。健康服务业务主要由健康管理（Optum Health）、健康数据信息系统（Optum Insight）和药品福利管理（Optum Rx）三家子公司具体负责。药品福利管理作为重要的协调管理者可以在医院、药品供给方、保险公司、医药房之间发挥协调沟通的作用。药品福利管理拥有一个包括超过6万所药房和2个邮局在内的药品配送系统以及整套后台支持系统，可有效连接保险公司、药房和医院。药品福利管理不仅提供了便捷的购药服务体验，而且还为患者在药品、医疗等相关费用控制提供帮助，不仅为医疗机构设计专业的就医诊疗方案，还为保险公司核心业务和财务系统的设计提供支持，并借助相关沉淀数据提出优化医保合作的方案。健康管理主要针对不同的团体客户提供有针对性、个性化的健康管理服务，服务领域包括慢性病管理、健康保健、情绪管理等。健康数据信息系统则主要专注于医保合作系统的研发、信息咨询及日常运营维护。

联合健康的健康保险平台与健康服务平台具有良好的协同效应。首先，健康保险平台的保险公司可为健康服务平台的三家子公司提供多种业务通道。其次，健康服务平台在药品管理、健康管理方面的专业化品牌效应又进一步带动了健康保险业务的发展。健康管理一方面能够提高健康保险的服务能力，助推健康保险业务发展；另一方面还可协助健康保险合理干预不合理的医疗行为，控制和降低理赔成本，并且可以不断升级健康保险主要业务的控制费用系统模块。健康数据信息系统既能满足公司保险业务的服务需求，也能单独获得服务保险体系外用户。健康服务与健康保险两大平台相互补充、高度协同，内部价值转移效果显著，通过协调药企、医院、药店、健康险公司、参保人等多方关系，控制药品费用增长和管理医疗服务质量，进而有效控制赔付成本。

6.2.2　国内商业保险业"保险＋健康服务"生态圈战略

近年来，随着"健康中国"战略、健康老龄化理念的广泛推广，社会公众的整合型保险需求不断升级，以及科技深度赋能保险，国内寿险业的市场竞争日趋从传统保险业务的竞争转向围绕大健康生态圈的竞争。为此，国内商业保险公司纷纷从健康保险产品、保险资金和金融科技等方面入手，加快在大健康领域的战略布局，积极拓展和整合健康服务产业链，加强医疗健康人才队伍专业能力、医疗健康资源整合能力和医疗健康数据获取能力三大能力建设，推动建立覆盖全生命周期各阶段、健康管理全过程的"保险＋健康服务"生态圈（见图6－1）。

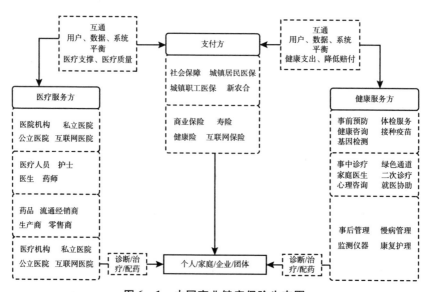

图6－1　中国商业健康保险生态圈

资料来源：《中国商业健康险白皮书》，安永与太保安联健康保险股份有限公司联合推出，2018。

例如，中国平安将保险与医网、药网、信息网结合，形成支付闭环。除了布局线上健康服务外，中国平安还将布局线下医疗资源对接网络，如万家诊所，积极推进线上医网、药网和信息网三网合一，在此基础上聚焦"大金融资产与大医疗健康"，全面构建医疗健康生态圈。泰康保险提出打造"活力养老、高端医疗、卓越理财、终极关怀"四位一体商业生态系统。中国人寿提出构建"金融保险＋健康＋养老"服务生态圈。前海人寿提出打造"保险＋医疗＋养老"三大民生保障服务体系闭环等。各大商业保险公司之所以纷纷打造"保险＋健康服务"生态圈战略与近年来国内商业保险市场环境的变化密切相关。

随着互联网时代的到来，不同市场主体之间的商业关系发生了巨大变化。首先，价值链关系发生变化。在工业化时代，价值链关系基本上是线性的，即产品研发设计→生产→销售，各个环节分工明确。在互联网时代，价值链关系日益网络化，价值链各参与主体通过开放、共享、互利、合作等方式共同创造和分享价值。保险公司作为"保险＋健康服务"生态网络的一个生态位，力图通过介入健康管理、医疗服务、康复护理，主导健康产业生态圈的构建。其次，客户需求发生变化。随着互联网平台经济的兴起，客户不再满足于保险产品单一的理赔功能，而是希望通过平台界面的交易，获取一站式、多元化、整合式的健康保障与健康服务综合解决方案。健康保险的商业价值不仅体现在事后补偿，而且还渗透到事前、事中和事后的健康管理、医疗救助、法律咨询、资产管理等综合性服务。这就要求商业保险公司的价值创造从单纯的费用理赔迈向全生命周期的健康管理服务。最后，行业竞争格局面临转型。商业模式的变革和客户保险需求的升级，带来健康保险和养老保险等人身保险业竞争格局的重大调整。人身保险业竞争的重点从渠道、产品等基于保险业务本身的竞争，转向围绕"保险＋健康服务"生态圈的竞争，健康服务的供给能力对人身保险经营的作用日益凸显，是否能够为客户提供医疗、健康管理、健康养老等特色健康服务成为人身保险业从产品设计、客户营销到风险管理需要重视的新的关键因素。商业公司推进健康保障和养老保障类业务与健康服务类业务的协同整合，既有利于加强对客户健康风险的主动管控，又能通过专业化的健康服务，改善客户体验，增加客户价值，降低发病率，并开拓新的盈利渠道，提高盈利能力。在新的市场环境下，商业保险公司纷纷加快战略转型，通过构建"保险＋大健康产业"商业生态圈，由传统的健康保障和养老保障提供方进一步转变为健康保障、养老保障与健康服务整合提供商，主要战略措施包括：

（1）以健康保险产品为立足点，整合大健康产业各参与方

健康保险作为医疗费用支付方，居于健康保险产业链的核心位置，具有衔接上下游医疗健康服务资源的优势。近年来，各大商业保险公司积极探索健康保险与健康服务融合发展的商业模式，通过自建或与健康服务机构合作，推动健康保险与健康服务有机结合，延伸对客户的健康服务，强化对客户诊疗的全程化风险管理，发展"健康保险＋健康管理＋医疗服务"三位一体的管理式医疗。如新华保险成立连锁化的新华健康管理中心，凭借"保险＋健康管理＋医疗服务"的核心优势，为客户提供整合型健康管理服务。太保安联与阿里健康签署战略合作协议，双方在医药零售、健康保险、健康管理、医保控费等方面开展全面合作。通过构建健康保险产业链，商业健康保险公司从以往被动的、单纯的健康保障支付方转变为主动的健康管理者。

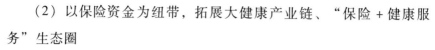

（2）以保险资金为纽带，拓展大健康产业链、"保险 + 健康服务"生态圈

商业保险资本负债性、稳定性、长期性、规模性的特点与大健康产业资金需求量大、投资周期长等特征相匹配。商业保险资本投资大健康产业，不仅可以缓解"长短错配"压力，而且可以更有效拓展健康管理产业链。商业保险资本构建"保险 + 健康服务"生态圈主要有两种模式：一种是重资产模式，即商业保险公司通过自建、收购、控股等方式取得医院、健康管理公司、养老机构的实际控制权，如泰康保险自建的"泰康之家"保险养老社区。另一种是轻资产模式，又可分为两种类型：一是商业保险公司通过投资、并购、参股或战略合作等途径，介入大健康产业链。如 2008 年，中国平安与慈铭体检签署战略合作协议，平安正式参股慈铭体检，参股比例约为 15%。2015年，中国人寿发起设立"国寿大健康股权投资基金"，投资健康国际医疗、药明康德、迈瑞医疗、华大基因等境内外企业。二是商业保险公司通过收购或租赁现有物业，将其改造为健康养老服务设施，同时配套健康养老服务运营模式。如太保养老投资公司通过收购市中心旧物业改建养老社区，采用的就是比较灵活的轻资产运作模式。比较而言，重资产模式投入大，盈利周期长，不易复制，但容易形成规模经济，并与保险业务形成战略协同，更适合于大型金融保险集团。轻资产模式对大健康产业链整合力度相对较小，但投入少，起步快，更便于风险控制和复制推广，更适合中小保险公司。但两者并非相互独立，而是可以相辅相成的。从国际经验看，许多采取重资产模式的商业保险公司，在积累足够的运营管理经验后，开展走向对外输出运营模式、服务品牌、人才培训等轻资产业务方向。

（3）以金融科技为依托，着力促进大健康产业各参与方互利共赢

云计算、大数据、人工智能等现代信息技术具有连接、共享、整合的特性。近年来，许多商业保险公司依托信息技术，打通医疗、医药、医保各环节，推进医疗健康资源共享，从而更有效地防控风险，更精准地提供医疗健康服务。具体模式包括：①线上线下联动的医疗健康资源整合模式。如中国平安依托"平安好医生"健康管理平台，整合医院、诊所、医生、药店、体检中心等医疗服务机构，为用户提供一站式健康咨询和健康管理服务。截至 2018 年底，"平安好医生"注册用户数达 2.65 亿，签约合作外部医生 5203 名，合作医院数超3000 家，合作药店超 15000 家。②互利共赢的健康管理互动模式。如太平洋医疗健康管理有限公司的"太保妙健康"移动健康管理服务平台，凭借专业的数据采集、挖掘和运营能力，通过实时追踪、持续干预、激励引导和综合分析，既帮助客户养成健康的生活方式，又为自身实施更精准的产品定价提供依据。③互联互通的医疗健康数据共享模式。实现医疗健康数据共享是构建大健康生态圈的基础工程。如2016 年，平安健康保险与南方医科大学深圳医院签署战略合作协议，明确共同推进数据集成分析共享，探索建立先进的医疗风险管控体系。

构建"保险＋健康服务"大健康生态圈是商业保险公司一次全面的战略转型。这一战略要求在产品开发方面，加快从"以财务补偿型产品为主"向"以健康服务型产品为主"转变，以满足客户全生命周期的健康管理服务需求。在客户服务方面，加快从"以风险保障为中心"向"以健康服务保障为中心"转变，以满足客户覆盖病前预防、病中治疗服务、病后财务风险转移和康复护理等全流程健康管理需求。在构建经营体系方面，以商业保险为核心，积极整合外部医疗、

健康管理、医疗服务等健康服务资源，推进健康管理的全生命周期覆盖，推进保障、资管、医疗、健康管理、养老服务产业联动，构建相互协同的业务体系，形成各方协同参与的"保险 + 健康服务"生态圈：一是健康保障与养老保障体系，为客户提供保障服务；二是资产管理体系，为客户提供资产增值服务；三是专业的医疗管理体系，聚焦专门的病种，包括恶性肿瘤和慢性病，以患者为中心，提供全病程的医疗服务；四是专业健康管理体系，做疾病早筛、早诊、早治，同时推广运动管理、膳食管理等，减少发病率。五是医养结合养老服务体系，为客户提供优质的健康养老服务。

6.2.3　案例分析：泰康保险的"保险 + 健康服务"生态圈战略

基于商业生态圈"战略主张→共生网络→价值共创"战略分析框架，我们选取泰康保险集团的"保险 + 医养康宁"商业生态圈战略进行案例分析，从中归纳提炼"保险 + 健康服务"商业生态圈战略的一般特点。

泰康保险集团成立于 1996 年，至今已发展成为一家涵盖保险、资管、医养三大核心业务的大型保险金融服务集团。2009 年泰康人寿获批国内首家保险养老社区试点资格，首创了保险业直接投资经营高端养老社区的"保险养老社区"商业模式。以保险养老社区为平台，泰康保险积极打造"活力养老、高端医疗、卓越理财、终极关怀"四位一体商业模式，形成"长寿、健康、富足"三个闭环，打造"保险 + 医养康宁"大健康产业生态体系。截至 2021 年 6 月，泰康保险在东北、华北、华中、华东、西南、华南的 24 个区域中心城市布局高品质泰康之家养老社区及康复医院，实现北京、上海、广州、成都、苏州、武汉、杭州等7地连锁运营。泰康推进价值医疗，投资兴办了泰康仙林鼓楼医院、泰康同济（武汉）医院、泰康深圳前海国际医院、泰康西南医学中心、泰康宁波医院5大医学中心以及拜博口腔医疗集团等专科医疗体系，打造高质量健康服务网络。

（1）战略主张

泰康保险的战略定位是"致力于成为全球领先、面向大健康产业的保险金融服务集团"，核心业务是保险、资管、医养三大板块。泰康保险依托"活力养老、高端医疗、卓越理财、终极关怀"四位一体的商业模式，致力于打造大健康生态系统。如何使保险、资产管理、医养结合服务三大业务板块形成协同互补的"共生关系"，是泰康"保险＋健康服务"生态圈战略所要解决的核心问题。从长期角度看，泰康保险利用其医疗健康产业链支付角色的优势，通过串联用户、医、药、健康管理等多方利益体，构建医疗健康生态价值链，形成事前预防、事中诊疗和事后管理的闭环健康服务，并通过与基本医保的差异化定位，充分依托大数据技术优化行业经营，改变被动支付、依靠传统三差的单一盈利模式，寻找新的利润空间。

（2）共生网络

张洋子和张淑娟（2019）指出，金融集团生态圈主要包括平台生态圈、产业生态圈和产品生态圈三种模式，并且这三种模式并非冲突或排他的，可同时存在于一个金融集团的商业生态圈内。泰康保险集团以人寿保险为核心构建的"保险＋健康服务"生态圈实际上同时具备产品生态圈、产业生态圈和平台生态圈三种生态圈，由此形成了泰康保险"保险＋健康服务"生态圈的共生网络，如图6-2所示。

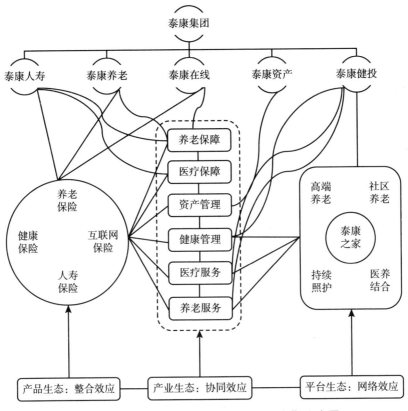

图 6–2 泰康保险集团"保险＋健康服务"生态圈

①产品生态圈。所谓产品生态圈是指"保险＋健康服务"生态圈产品和服务的组合型供应模式。不同于单个保险产品的销售，泰康"保险＋健康服务"生态圈致力于以某种保险产品销售为切入点，带动健康管理服务、医疗服务、养老服务、资产管理等多个产品或服务整合销售，形成范围经济效应，满足消费者多元化、一站式的消费需求。例如，客户通过购买泰康人寿"幸福有约"等养老保险产品，就可获得泰康之家的入住权，享受覆盖"预防—治疗—康复—长期护理"等的整合型健康服务。泰康之家保险养老社区借鉴公立医院"主

治医师责任制"和"私人医生"优势，创新"1＋N"综合医养服务小组，入住社区的每位客户都有一个专业团队提供服务，该团队由全科医生、康复师、社工、生活管家、健康护理人员、营养师构成，分别为客户提供日常诊疗服务、康复护理服务、生活照护服务、长期护理、急症转诊、营养餐饮服务等多品种、全方位服务，每一种专业服务就是"保险＋健康服务"生态圈提供的一种产品。所有服务围绕客户形成一种服务组合线。泰康之家今后还可以根据实际需要，引进新的服务产品，以进一步丰富"保险＋健康服务"生态圈的产品组合。

②产业生态圈。所谓产业生态圈是指"保险＋健康服务"生态圈突破原有的产业边界，建立包含主导产业、纵向产业链上下游产业、横向跨界产业，能够充分调动各产业资源优势的产业融合生态系统。泰康"保险＋健康服务"生态圈虽然是一种跨界经营的商业模式，但不是传统的相关多元化或非相关多元化，而是拓展整合了医疗、健康、养老等产业资源，从大健康产业链的最上游保险业包括养老保险、健康保险、人寿保险，向下游的医疗、健康管理、养老服务进行纵向整合。在整合过程中，不断降低销售成本、管理成本，提升效率。健康产业链的纵向整合与泰康的商业模式是紧密匹配的，无论是医疗还是养老，都致力于打造三个基于产业协同互补的闭环体系：长寿闭环、健康闭环和财富闭环（于文哲，2021）。

③平台生态圈。所谓平台生态圈是指"保险＋健康服务"生态圈以平台为媒介的商业模式。平台将多个不同的用户群体联系起来，形成一个多边市场网络，并建立有助于促进交易的基础架构和规则。平台市场最主要的特征是其网络效应，通过更多用户和不断补充新的产品和服务使其价值呈现几何级增长。为了适应保险客户需求整合化发展的趋势，满足客户在一个界面，获得多种服务的诉求，不同的产业

主体开始跨界合作，借助互联网和大数据，将产品和服务以客户为原点重新组合，一站式提供。在生态时代，连接能力成为险企核心能力（赵辉，2020）。从生态网络角度看，保险在整个"保险 + 健康服务"共生网络中处于连接中心的地位，保险作为一种支付手段天然具有连接的优势，一旦与广阔的生态相连接，就可撬动更多资源。泰康"保险 + 健康服务"生态圈通过打造泰生活、泰行销、泰家园三大平台，推进业务流程的线上化，通过投资和自建保险养老社区、医疗机构，构建大健康生态，积累了强大的连接能力，通过把虚拟经济的保险和实体经济的医疗、养老结合起来，创造出"活力养老、高端医疗、卓越理财、终极关怀"四位一体的全新商业模式，打造长寿、健康、富足三个闭环。

（3）价值共创

价值共创（value co-creation）是指由企业、商业伙伴和消费者共同创造价值，而非传统意义上的单纯由企业创造价值，消费者消耗价值。商业生态系统的核心特征之一即价值共创。在商业生态系统中，顾客由终端产品或服务的消费者转变为参与"价值共创"的贡献者，他们所贡献的顾客偏好等数据信息成为企业创造价值的关键投入资源。在这一背景下，商业生态系统作为企业资源编排的新方式，通过接入多种类型参与者（包括顾客）进行价值共创，依靠匹配的价值主张而非终端产品增强对顾客的锁定效果（韩炜，邓渝，2020）。在泰康"保险 + 健康服务"生态圈中，保险部门、医疗部门、养老社区以及保险客户都是商业生态圈共生网络的节点，各网络节点在持续地链接、互动和重构过程中以协同的关系共同创造价值。

①品牌价值的共创。在泰康"保险 + 健康服务"生态圈中，"泰康之家"保险养老社区一开始就定位于为高收入人群提供高水准的医养结

合服务。为此，泰康保险在开发第一个保险养老社区"泰康之家·燕园"时，就通过主动营销吸引了一批具有广泛影响力的退休知名学者、电影明星入住，这些高能客户通过在社交网络上传播自身的养老体验，以及与泰康之家共同制作宣传片等方式在社会上共同创造了泰康之家"高端养老"的品牌效应。物以类聚，人以群分，泰康之家"高端养老"品牌又吸引更多高端养老客户选择入住效应泰康之家，从而形成良性互动，不断提升泰康之家高端养老的品牌效应。可见，泰康之家的高端养老品牌就是养老社区自身高水平服务的价值与客户体验价值的有效营销相互协同的结果。

②健康管理价值的共创。在泰康"保险＋健康服务"生态圈中，一方面，健康管理部门为客户提供健康体检、健康干预等健康管理服务，不仅提升了客户的健康水平，也有利于降低客户患病概率，减少保险部门的理赔支出。另一方面，健康管理部门掌握的客户健康数据，又为保险部门开发新的保险产品和对保险产品进行精准定价提供数据支持。可见，在客户、健康管理部门、保险部门的共同参与下，健康管理服务价值得到极大拓展和提升。

③医疗服务价值的共创。泰康集团目前共有泰康仙林鼓楼医院、泰康同济（武汉）医院、泰康深圳前海国际医院、泰康西南医学中心、泰康宁波医院五大医学中心。同时，在各泰康之家保险养老社区中都配备了康复医院。在泰康"保险＋健康服务"生态圈中，医疗服务价值的共创主要体现为两个方面：一是基于管理式医疗的价值共创。泰康集团的保险部门通过管理式医疗控制医疗费用理赔支出，医疗部门通过管理式医疗提升医疗规范水平模式中，保险客户通过管理式医疗获得了便捷、优质、高性价比的医疗服务。保险、医疗、客户三方共同拓展了管理式医疗的价值。二是高水平、便捷的医疗服务吸

引更多的老年消费者购买泰康保险产品，选择入住泰康之家，提升了泰康之家养老社区的价值。

④养老服务价值的共创。泰康之家采取"1+N照护模式"，即1名负责人主导，N名照护团队成员辅助。每个专业服务团队由管家、医生、临床药师、护理师、护士、康复治疗师、文娱活动师、运动指导师、营养师、营养厨师、感控专员、环境主管、个案管理师等组成，保证每位客户都得到全面专业的照护服务。同时，泰康之家还设立时间银行。时间银行是泰康之家养老社区对具有志愿服务精神，乐于为老龄事业奉献时间精力的义工的一种激励机制。义工参与社区义工服务的时间将被记录在时间银行，可兑换相应的产品或服务。养老社区鼓励社区住户参与到义工服务中，充分发挥长辈的自身价值，在活动中充分体验到参与感和成就感，逐渐成长为社区共同体。总之，泰康之家的养老服务不仅是由涵盖多个行业的专家团队协同提供的，而且也包含了客户自身的义工服务，因此可以说是专业团队与客户自身共同创造了养老服务的价值，实现了"老有所养"与"老有所为"的价值统一，共同创造的，形成温馨的家、开放的大学、优雅的活力中心、高品质医疗保健中心、长辈精神和心灵的家园"五位一体"养老生活方式。

6.2.4 "保险+健康服务"商业生态圈战略评价：共生度评价模型

对商业生态系统的战略评价目前集中对商业生态系统健康状况的评价。扬西蒂和莱温（2002）首先研究了这个问题。他们从生产率、稳健性和利基创造力三个维度提出了一套三维度评价指标体系。其中，生产率维度包括总要素生产率、生产率改善、创新的实现三方面指标，主要反映商业生态系统将创新转化为某种新产品或服务的效能。稳健性维度主要衡量商业生态系统抗干扰的能力，包括存活率、持续性、可预见性、适度淘汰、连续性五个方面的指标，稳健性的五个测量指标并不是在每种情况下都得使用。利基创造力维度反映商业生态系统创造新的有价值的利基市场的能力，包括多样性、价值创造两方面指标。邓·哈提等（Den Hartigh et al.，2006）认为扬西蒂和莱温（2002）的评价体系是一个中观层次的评价模型，还需要从微观（企业）层次上评价商业生态系统健康状况。为此，邓·哈提（2006）在扬西蒂和莱温研究基础上提出了一个跨层次商业生态系统健康状况评价模型，从企业视角出发增加了伙伴健康和网络健康两个维度。其中，伙伴健康维度主要采用财务指标来衡量；网络健康维度则采用合作关系数量、市场可预测性和合作伙伴多样性来衡量。

对商业生态系统进行战略评价的视角很多，商业生态系统健康状况只是其中的一个视角。战略绩效、财务绩效、风险管理水平等都可作为对商业生态系统进行战略评价的视角。考虑共生关系是商业生态系统的主要特征交易关系，笔者认为，对商业生态系统的战略评价除了上述视角外，还应当考虑反映商业生态系统共生关系的视角，能够反映商业生态系统中各类企业或者各种业务互利共生程度的指标应该成为商业生态系统战略评价的核心指标。就"保险＋健康服务"商业生态系统而言，其共生关系主要包括三大类型：①各种康养类保险产品之间的共生关系，即健康保险、医疗保险、长期护理保险、商业养老保险等各种康养类保险产品之间的互补共生关系；②各种康养类服务的共生关系，即实体医疗服务、互联网医疗服务、康复护理服务、生活照料服务等康养服务之间的共生关系；③康养类保险与康养类服务的共生关系康养类保险与康养类服务之间的共生关系。其中,康养类保险与康养类服务之间的共生关系是最重要的共生关系,因此能够反映康养类保险与康养类服务之间共生关系的共生度指标可作为对"保险 + 健康服务"商业生态圈进行战略评价的核心指标,由此可以构成"保险 + 健康服务"商业生态圈战略评价的共生度评价模型:

(1)康养类保险与康养类服务共生度的概念

$$S = E/I \qquad (6.1)$$

S:康养类保险与康养类服务的共生度;

I:康养类保险保费收入;

E:保险客户购买"保险 + 健康服务"生态圈成员机构提供的康养类服务发生的保险支出。

假设一种简单的情况,"保险 + 健康服务"商业生态圈只包含一个保险公司销售的一种医疗保险产品 A,一个医疗机构 B 和一个保险客户 C。客户 C 购买了 10 万元的医疗保险 A,然后在医疗机构 B 就医花费了 8 万元的医疗费用,保险公司为其报销了 5 万元的医疗费用。则康养类保险与康养类服务的共生度 $S = E/I = 5/10 = 0.5$。但如果该客户在非"保险 + 健康服务"生态圈的医疗机构就医,虽然保险公司也支付了 5 万元的医疗费用,但 $S = 0$。因此,可以看出,S 越大,客户用保险赔付支出购买"保险 + 健康服务"生态圈成员提供的服务的意愿越高,说明保险与健康服务的共生关系越为紧密。

(2)康养类保险与康养类服务共生度的计算公式

$$S = \frac{\sum\limits_{i=1}^{n} E_i}{\sum\limits_{k=1}^{m} I_k} \qquad (6.2)$$

E_i:第 i 个客户购买"保险 + 健康服务"生态圈成员机构提供的

康养类服务发生的保险支出（假设有 n 个客户购买了"保险＋健康服务"商业生态圈中保险公司康养类保险产品）。

I_k：第 k 种康养类保险产品的保费收入（假设保险公司销售了 m 种康养类保险产品）。

购买了"保险＋健康服务"商业生态圈中保险公司销售的康养类保险产品的客户不一定购买"保险＋健康服务"生态圈提供的康养类服务。同样，购买"保险＋健康服务"生态圈提供的康养类服务的消费者不一定是购买"保险＋健康服务"商业生态圈中康养类保险产品的客户。只有当保险客户同时倾向于购买"保险＋健康服务"生态圈提供的康养类服务时，才说明"保险＋健康服务"商业生态圈的康养类保险与康养类服务形成了比较密切的互利共生关系，或者从另一个角度看，就是保险与服务形成了某种闭环。

在式（6.2）中，我们也可以将 E_i 定义为第 i 个客户购买"保险＋健康服务"生态圈提供的医疗服务发生的保险支出，I_k 为第 k 种医疗保险产品的保费收入，这样 S 就表示"保险＋健康服务"生态圈中医疗保险与医疗服务的共生度。同样，也可分别计算"保险＋健康服务"生态圈中长期护理保险与长期护理服务的共生度、养老保险与养老服务的共生度等。

总之，共生度评价模型力图说明的是，"保险＋健康服务"生态圈战略是否卓有成效，不是看保险公司的保费收入或"保险＋健康服务"生态圈的医疗机构、健康管理机构或者养老机构的收入是否提升，而是看保险客户购买"保险＋健康服务"生态圈提供的各种康养类服务的消费意愿是否提升，或者说，"保险＋健康服务"生态圈是否能够为购买康养类保险的客户提供一站式、整合型的康养类服务。如果保险客户更愿意购买"保险＋健康服务"生态圈提供的服务，就

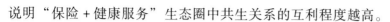

说明"保险+健康服务"生态圈中共生关系的互利程度越高。

需要指出的是，共生度指标只是反映"保险+健康服务"生态圈共生关系的互利程度，而不是反映"保险+健康服务"生态圈战略的总体绩效。例如，某个"保险+健康服务"生态圈的共生度 S 变大了，如果是 E 变大而 I 基本不变导致的，那么说明该生态圈共生关系的互利程度有了明显提升；如果是 E 基本不变而 I 缩小导致的，那么虽然可以说明共生关系的互利程度有了提升，但也说明"保险+健康服务"生态圈战略出现了一定失误，导致保费收入减少，这就需要在共生关系之外寻找战略失误的原因。

参考文献：

［1］戴锦．产业生态化理论与政策研究［M］．北京：中国铁道出版社，2007.

［2］杜建成．大健康背景下保险与医疗合作模式探讨—以阳光融合医院为例［D］．辽宁大学硕士论文，2017.

［3］韩炜，邓渝．商业生态系统研究述评与展望［J］．南开管理评论，2020（3）.

［4］孙儒泳等．普通生态学［M］．北京：高等教育出版社，1993：197－203.

［5］谭蔡林，乔晗．商业模式生态位理论及应用［J］．中国金融，2010（15）.

［6］杨铮．商业健康保险创新与规范发展［J］．中国金融，2020（6）.

［7］于文哲．刘挺军：打造三个闭环［N］．中国银行保险报，2021－04－14.

［8］ 张洋子，张淑娟. 金融集团构建商业生态圈研究——基于生态系统视角 ［J］. 企业经济，2019 (9).

［9］ 赵辉. 连接力：险企下一个竞争主战场 ［N］. 中国银行保险报，2020 - 01 - 22.

［10］ 朱艳霞. "险"字号养老社区又增员"重资本"棋局再落子 (EB/OL). (2021 - 05 - 19) http：//www. cbimc. cn/content/2021 - 05/19/content_394490. html.

［11］ Den Hartigh E，et al. The health measurement of a business e-cosystem ［J］. Paper presented at the ECCON 2006 annual meeting，2006.

［12］ Moore J F. Predators and Prey：A New Ecology of Competition. Harvard Business Review，1993，71 (3)：75 - 86.

［13］ Moore J F. The rise of a new corporate form ［J］. Washington Quarterly，199，21 (1)：167 - 181.

［14］ Kim H，et al. The role of IT in business ecosystems ［J］. Communications of the ACM，2010，53 (5)：151 - 156.

［15］ Iansiti M and Levien R. . Strategy as ecology ［J］. Harvard Business Review，2004a，82 (3)：68 - 78.

［16］ Iansiti M and Levien R. The key stone advantage：What the new dynamics o1 business ecosystem mean for strategy，innovation，and sustainability ［M］. Boston：Massachusetts，Harvard Business School Press，2004b：59 - 62.

第 7 章

商业保险业与健康服务业融合发展政策研究

长期以来，我国的医疗服务、养老服务总体上是以非市场化的公共产品或者家庭内部服务的方式提供的。随着经济与社会的发展、人口老龄化的加剧，单纯由政府提供或者家庭提供的方式已不能完全满足医疗、养老服务日益增长的需求，需要通过增加医疗、养老服务市场化供给的方式来弥补医疗、养老服务供给不足的短板。商业保险公司利用作为健康保障和养老保障提供方的优势，积极整合医疗服务、健康管理服务、医养结合服务，打造"保险 + 健康服务"商业生态圈，在增加医疗服务、健康管理服务、健康养老服务等健康服务市场化供给方面显示出巨大的潜在能力。积极促进商业保险业与健康服务业融合发展，推进健康服务业供给侧结构性改革，弥补健康服务供给不足问题，已成为实施"健康中国"战略的重要任务。由于健康服务业大多兼具公益性与商业性、知识密集型产业与劳动密集型产业的特点，促进商业健康保险业与健康服务业融合发展的相关政策必须立足于健康服务业的上述产业特征。本章重点探讨如何促进商业保险业与健康服务业融合发展的相关政策。

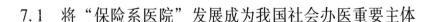

7.1 将"保险系医院"发展成为我国社会办医重要主体

所谓"保险系医院"是指由商业保险公司投资举办或者与商业保险公司有重要战略合作关系的社会办医机构，其特点是商业保险公司拥有对医疗机构的实际控制权。"保险系医院"是商业保险公司进行"保险＋医疗"商业模式创新和构建"保险＋健康服务"商业生态圈所依赖的关键资源之一。同时，发展"保险系医院"也是解决目前我国社会办医存在的各种发展难题的一个有效途径，因此应在政策上积极鼓励支持商业保险公司投资兴办"保险系医院"，将其逐步发展成为我国社会办医的重要市场主体。

7.1.1 社会办医的发展状况及困境

关于社会办医一直缺乏统一的概念定义和划分标准。目前大致存在四种不同的称谓和划分标准（韦潇，孟庆跃，2017）。一是指民营医院，如《中国卫生和计划生育年鉴（2015 卷）》中使用"民营医院"的概念，规定民营医院是指经济类型为国有和集体以外的医院，包括联营、股份合作、私营、台港澳投资和外国投资等医院。二是指"非公立医院"，如《中国卫生和计划生育年鉴（2015 卷）》中，按注册类型将联营、私营医院划分为"非公立医院"。三是按主办单位将医院划分为三类，即政府办、社会办和个人办医院基础上，规定"社会办医"是指"企业、事业单位、社会团体和其他社会组织举办的医疗卫生机构"。四是指公立医院之外的医疗机构，如《全国医疗卫生服务体系规划纲要（2015—2020 年）》中，也使用了"社会办医"的提法，其涵盖的机构范围则与《中国卫生和计划生育统计年鉴》中的"民营医院"一致，即将政府、军队、国有和集体企事业单位等举办的医院称为公立医院，其他均为社会办医。综合参考上述观点，本章将所有非公共财政支持的医疗机构均称为社会办医机构，主要是指民营医院。

国家卫健委等部门联合发布的《关于促进社会办医持续健康规范发展的意见》指出：社会办医机构是我国医疗卫生服务体系的重要组成部分，是满足不同人群医疗卫生服务需求并为全社会提供更多医疗服务供给的重要力量。鼓励社会办医是深化医药卫生体制改革和发展健康服务业的重要内容。近年来，以民营医院为代表的社会办医机构发展迅速，2019 年我国民营医院达 2.2 万个，占全国医院数量比例的 64.7%，民营医院在数量上已经超过公立医院。尽管民营医院在数量上增长明显，但其服务能力、服务规模明显低于公立医院，占全国医院相关指标的比例基本上不超过 30%，如图 7 - 1 所示。

总体来看，大多数民营医院医疗水平低于公立医院，在与公立医院竞争中缺乏竞争优势，导致民营医院多选择骨科、眼科、牙科、妇科等技术含量相对较低的中低端医疗服务市场，侧重提供医疗专科服务。"数量多、规模小、能力弱"的状况表明我国民营医院还处于一种外延式数量扩张而非内涵式发展的阶段，面临诸多发展困境，主要包括：

（1）信誉度低，品牌效应差

民营医院发展初期，个人投资兴办的民营医疗机构曾风靡一时。这类民营医院主要集中在男科、妇科、肛肠、股骨头坏死、肿瘤、糖尿病、整形美容等领域，大量依赖各种广告吸引患者，一些民营医院

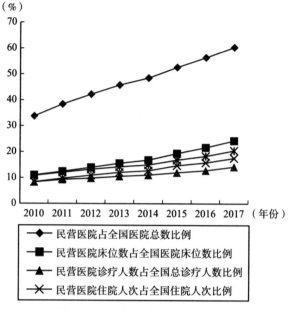

图 7－1　民营医院相对经营指标

资料来源：根据《中国卫生统计年鉴》（2004，2005，2006，2007，2008，2009，2010，2011，2012），《中国卫生与计划生育统计年鉴》（2013，2014，2015，2016）相关数据整理。

为了"赚快钱"，没病当有病治，小病当大病治，医疗事故频出，严重影响了民营医院的品牌和声誉。按规定，营利性医院享受 3 年免税期，之后将承担营业税和所得税。不少营利性民营医院在免税期间疯狂牟利，之后选择关门。这种短期行为不仅损害了民营医院的信誉度，也使民营医院很难形成自己的品牌。至今，全国拥有较高知名度和品牌信誉的民营医院寥寥无几。

（2）人才匮乏、技术水平低

由于追求短期的赚钱效应，以及与公立医院人员在科研条件、专业培训、职称评审、退休待遇上差距较大，民营医院对高层次医疗人才缺乏足够吸引力。许多民营医院不得不依赖聘请的各级公立医院的退休医生，加上一些刚从医学院校毕业、暂时无法进入公立医院的年轻毕业生，是一种所谓"爷爷带孙子"的人力资源管理模式，既缺乏骨干人才和技术团队，也缺乏持续规范的人才培养和激励体系。人才匮乏导致民营医院的医疗技术水平普遍不高，某些民营医院即使招聘几个曾经有点名气的退休或兼职医生，往往也由于缺乏先进的诊疗设备和设施、与之配合的高水平医生团队和护理团队、紧急情况的抢救系统等等，医疗水平大打折扣。据《民营医院蓝皮书：中国民营医院发展报告（2017）》显示，超过80%的民营医院为一级或者未定级的医疗机构。根据2015年的统计数据，全国14518家民营医院中，三级医院数量仅占1.0%，二级医院数量也仅占9.5%，绝大多数民营医院为一级的小型医院；而在13069家公立医院中，二三级医院的数量占比则高达61.9%。2015年，民营医院执业医师数量仅占全国各级医院执业医师总数的14.3%（顾昕、陈斯惟，2018）。

（3）资本实力弱，经营持续性、管理规范性差

医疗服务业是一个投资周期长、投资回报慢、管理规范要求高的产业。对于规模较大的医院来说，需要相当大的财力支持才能维持正常运作。而目前许多以个人或家族为主体投资经营的民营医院资本实力弱，资金链易断裂，经营可持续性差。同时，这类家族式民营医院为了尽早收回投资，往往急于求成，忽视医疗规律，在医院设施和经营管理上舍不得投资，导致很多民营医院设施落后、管理制度不严格、不规范、管理漏洞较多。

（4）医保报销难

国家虽然有政策规定可以将符合条件的非公立医疗机构纳入医保定点范围，但现实中，多数非公立医疗机构医保审批程序复杂，持续时间较长，获得医保定点资格阻力较大，即使进入医保系统的民营医

院起付标准也不同于公立医院。

7.1.2 商业保险业投资经营"保险系医院"的优势和意义

对于民营医院的上述发展困境，多数学者将原因归结为政策支持力度弱、缺乏监管、公立医院的垄断地位、内部管理不善等因素。笔者认为，这些因素固然都存在，但却不是造成民营医院各种发展困境的关键原因。造成民营医院上述各种发展困境的一个关键原因是缺乏一个"合适的战略投资者"。以往由一些不熟悉医疗规律，资本实力弱，以短期牟利为目的的个人或家族作为民营医院投资者的发展模式，必然造成投资者的投资目的与经营风格与医疗服务的行业特点不匹配、不适应的弊病，导致民营医院"多、小、乱"的野蛮生长和低水平运营。因此，要解决民营医院的各种发展困境，关键是引入一个"合适的战略投资者"。笔者认为，从各方面条件看，这个"合适的战略投资者"应以商业保险业最为适宜，也就是说，今后由商业保险公司投资经营的"保险系医院"应当成为我国社会办医的重点发展方向。

首先，保险业具有经营稳健、品牌信誉度高的经营风格。"保险系医院"可充分借助保险公司的品牌效应，改变民营医院信誉度低的状况，重新树立民营医院的市场形象。特别是"保险系医院"由于使用的是保险公司的品牌和信誉，相当于保险公司为医院的商誉进行了信用抵押，如果这类医院还像以往一些个人或家族式民营医院那样大量靠虚假广告和短期行为获利，那么不仅损害了自身信誉，同时也会极大损害保险公司的商誉价值。因此，为了维护自身的品牌和信誉价值，商业保险公司也会对投资兴办的民营医院的医疗服务质量和规范化程度进行严格的监督和管理。

　　其次，商业保险公司资本相对雄厚，投资风格上偏好能够长期持续经营、收益稳定、风险低的行业、这与医疗服务业经营特点相匹配。由保险业投资经营的"保险系医院"可改变以往民营医院追求短期盈利、经营持续性差的缺陷。同时，资本雄厚的大型保险公司也有能力在医疗设施、人力资源培养、科学研究、医院管理规范等方面对"保险系医院"进行长期投资，解决民营医院长期存在的资本实力弱、规模小、医疗水平低、人才层次低、经营持续性差、管理不规范的难题。例如，泰康保险在医教研一体化的仙林鼓楼医院持续投入资金，用于支持医院科研发展计划，搭建了医学教学和研究平台，推行阳光薪酬机制，并建立了多渠道、多方面培训培养机制，为优秀的医疗从业者提供开拓事业的新机遇。从国际上看，商业保险公司投资经营医疗服务业是一个普遍现象，国际上许多知名商业健康保险公司都拥有自己的医疗机构。如英国保柏集团（BUPA）作为英国最大的医疗健康保险集团，在全球一百多个国家运营医疗保险业务，旗下拥有7500多家医疗机构（刘涛，何亮等，2019）。美国最大健康保险公司联合健康（Unite Health）集团旗下既有健康保险公司，也有医院和护理服务公司，保险公司和医院之间存在着股权、协议等多层次的合作关系（孙东雅，2015）。

　　再次，有利于解决民营医院医保报销难问题。购买商业保险的患者，在"保险系医院"看病时，除医保报销外的其他医疗支出，只要在商业险责任范围内，保险公司都可与医院实时结算。相比于患者先垫付、再找保险公司报销的传统模式，可大大简化患者的报销流程。

　　最后，保险业与医疗服务业在经营上具有多层次的互补性，基于"保险＋医疗服务"的经营网络，保险公司可与旗下"保险系医院"开展多层次合作，形成相互支持、互利共赢机制，在管理式医疗、健康管理、互联网医疗、数据共享、客户共享、保险产品设计销售与医疗服务精准对接、发展"保险—医疗—养老—护理—健康管理"全程化、一体化的"保险＋健康服务"体系等方面形成多样化的协同效应。

7.1.3 鼓励商业保险业投资经营"保险系医院"的政策建议

保险资本支持下的"保险系医院"不仅能够解决长期存在的实力弱、技术差、信誉低等发展难题，而且还能够产生保险与医疗多方面的协同效应，实现优势互补，创新"保险＋医疗服务"商业模式。由于"保险系医院"的上述比较优势，现实中，营利性的民营医疗机构根据其服务特性也越来越倾向首选与商业医疗保险进行战略合作，以保证有相对稳定的服务对象（韦潇，孟庆跃，2017）。无论是从提升我国社会办医质量，还是从促进保险业与健康服务业融合发展的角度来看，都应将"保险系医院"作为我国社会办医的一个重点发展方向，积极采取各种政策措施，鼓励支持"保险系医院"的发展。

第一，放宽对保险资金参股医疗机构的法人组织形式的限定。鼓励大型保险公司充分发挥自身品牌效应，通过收购、控股、新建等方式投资经营拥有自身品牌的连锁式"保险系医院"；支持中小型保险公司合作共建多家保险公司共享的"保险系医疗服务网络"。

第二，允许保险公司在"保险系医院"实施管理式医疗，支持保险公司在产品设计与销售上与医疗服务相互对接，支持保险公司与医疗机构数据共享。管理式医疗是遏制医疗费用过度增长的一个有效机制，也是"保险系医院"的核心竞争力。这已被美国等发达国家的经验所证实。目前，我国虽然对管理式医疗基本持鼓励支持的政策导向，但还缺乏相应的具体政策措施，特别是在公立医疗系统，由于其公共医疗的属性，目前并不适合全面推广管理式医疗。因此，我国的管理式医疗应首先在与国外管理式医疗具有相似应用场景的"保险系医院"中加以推广，探索中国特色的管理式医疗模式。为此，国家应尽快出台鼓励发展管理式医疗的配套政策，特别是应对基于管理式医疗的商业健康保险产品在市场准入和税收优惠上给予政策支持，为商业保险公司投资兴办"保险系医院"提供积极明确的外部政策激励。

第三，支持"保险系医院"采取与公立医院差异化的发展模式，重点发展与商业保险产品结合度高的医疗服务：一是鼓励保险公司结合重疾险投资经营以治疗疑难杂症为特色的高端学术性专科医院，并依此形成此类学术型"保险系医院"的核心竞争力。对于学术型"保险系医院"可在人才引进、科研项目申请、研究经费支持上给予与公立医院大致相同的政策，为"保险系医院"医疗人员提供充分的发展空间，以便吸纳优质医疗人才；二是结合长期护理保险、商业养老保险重点发展医养结合的护理型医院、老年病医院、康复医院等长期护理型"保险系医院"，一方面有助于促进康养类商业保险的创新，另一方面也有利于弥补公立医院在康复护理、医养结合服务等方面的欠缺。通过积极发展学术型"保险系医院"、长期护理型"保险系医院"，重新确立民营医院的市场定位，实现民营医院与公立医院的差异化发展，进一步推动保险业参与支持健康服务实体经济的发展。

第四，改变目前基本医疗保险涵盖面越来越大，商业健康保险经营范围越来越小的趋势，合理规划基本医疗保险与商业健康保险的范围，为商业健康保险提供足够的市场空间。社会基本医疗保险的作用是为居民提供基本的医疗保障，不可能解决居民所有的医疗健康问题。应在重难疑症治疗、康复护理医疗服务、高端医疗等领域为商业健康保险提供足够的发展空间，保障商业健康保险能够充分发挥对基本医疗保险的补充作用。

第五，积极培养既懂保险又懂医疗的复合型人才。目前我国商业健康保险业的从业人员绝大多数是传统营销型的保险人力资源，健康管理、医疗、药学、营养、康复、精算、大数据、人工智能等多方面专业人才相对短缺，既影响了健康保险业专业化经营水平的提升，又不利于健康保险与医疗服务的医保深度合作。发展"保险系医院"、拓展中国特色的管理式医疗保险、设计内含医疗、健康管理服务的增值型健康保险产品、创新"保险＋医疗"商业模式，需要大量的"保险里懂医疗、医疗里懂保险"的复合型人才。建议今后应考虑选择若干医疗类高校，设置以培养医保复合型人才为特色的医保 MBA 专业，专门培养既有一定医疗专业基础，又懂商业健康保险管理的医保复合型高级人才。

7.2　积极推进商业健康保险数字化

在数字经济时代，互联网、大数据、云计算、人工智能等数字技术的发展极大地推动了保险业的科技进步，正在重塑商业保险公司的经营模式、科技模式、风险管控模式和客户服务体验模式。实现商业健康保险数字化经营成为实现保险业科技赋能的重要战略目标。在政策上，应从发展"数字化 HMO"和建立商业健康保险与基本医疗保险、医疗机构数据共享机制两个方面入手，积极推进商业健康保险的数字化建设。

7.2.1　积极发展数字化 HMO

数字化 HMO 是在传统健康维护组织基础上，基于互联网和数字技术构建的新型 HMO。发展数字化 HMO，可将管理式医疗的控费功能与数字技术的全覆盖功能有机结合，实现管理式医疗从商业健康保险领域向商业健康保险与社会医疗保险的全覆盖转变。如 2021 年 1 月，天津市与微医签署《数字健康战略合作协议》，由天津微医总医院（天津微医互联网医院）牵头，协同全市 16 个区、266 家基层医疗卫生机构全面启动建设的数字化城市 HMO 体系"天津市基层数字健共体"，通过在全市基层医疗卫生机构落地统一的云管理、云服务、云药房、云检查"四朵云"平台及标准化的慢性病管理中心，为社区居民提供"防、诊、治、管、健"线上线下一体化的医疗健康服务；同时，探索实施医保"整体打包付费""按病种和按人头打包付费"等支付方式，并在总额预算管理下根据医疗健康管理质量考核结果，落实"结余留用、超支不补"的激励约束机制和健康责任制，逐步构建"以健康为中心"的健康保障体系，为发展数字化 HMO 提供了重要的经验。

积极发展数字化 HMO，一方面，要适当放开行业管制，积极鼓励互联网医疗机构通过数字健康平台，全方位整合技术能力、医疗能力和医药资源，为保险公司提供医疗健康服务支撑，针对性的大数据、医疗人工智能等技术及医保结算支持；另一方面，要积极支持互联网医疗平台利用数字健康平台的大数据优势，与商业健康保险公司合作构建用户的数字健康模型，为保险公司提供所需的精算依据，从而进行产品创新，为需求端定制保险方案。最终实现为用户提供涵盖预防、就医、用药、支付、康复的全流程闭环服务。

互联网医疗机构在慢性病管理方面具有天然的优势，而慢性病管理有利于实现专属健康保险产品的风险控制。例如，糖尿病患者通过科学管理实现并发症的风险控制，从而使得糖尿病专属保险成为可能。发展数字化 HMO，应在数据使用上，大力推进互联网医疗机构基于历史问诊数据与保险公司合作，共同进行单病种的定制化产品开发。

7.2.2 建立商业保险与基本医疗保险、医疗机构的信息共享机制

各种"保险＋健康服务"商业模式的创新需要"基础设施"的完善。对于以风险为经营对象的保险业而言，最重要的基础设施无疑就是数据基础设施。无论是设计康养类商业保险产品、与医疗机构进行深度合作、开展互联网健康管理，还是经营保险养老社区，商业保险业都需要积累广泛的数据，包括高质量的消费者健康行为数据、健康指标数据、医疗数据、护理数据及相关成本等。基于高质量的大数据分析，商业保险公司才能够为消费者提供量身定制的健康保险和养老保险产品，为保险客户提供合适的健康行为改进方案，为医养结合服务提供更具效率的服务方案指导。但目前来看，这些数据分散于不同机构的系统之中，囿于数据标准不同、数据流通机制与规则不完善等限制，难以实现数据共享，导致医疗、健康管理、养老、保险等健康保险产业链各环节信息不对称。健康、医疗数据缺乏所导致的各种信息不对称是长期困扰商业健康保险业发展的一大难题（徐昆，2018），主要表现为三个方面：①缺乏被保险人健康数据产生的逆向选择风险。保险公司不掌握被保险人以往的健康数据，只能根据

投保人年龄、职业等因素确定收取保险费的数额，无法依据既往病史与家族遗传史合理精算保费，诱使健康水平低的客户更倾向于购买健康保险，导致保险公司业务质量降低，赔付费用随之增长，形成逆向选择风险。②缺乏医疗服务数据产生的道德风险。保险公司与医疗机构缺乏数据互通，只能依据医院提供的医疗单据对被保险人进行理赔，对医疗费用支出的控制能力较弱，医疗机构与被保险人在自身利益驱动下，极易产生"小病大治"的道德风险。③缺乏居民医疗大数据产生的产品定位问题。缺乏医疗大数据，商业保险公司无法了解疾病发生率及治疗费用等重要信息，产品设计难以准确定位、费率难以精准厘定，潜在市场需求难以充分挖掘，业务规模难以有效扩大。

总之，由于保险公司与医疗机构之间存在数据"孤岛"，医疗数据难以共享，医疗数据多被医疗机构控制，商业保险公司仅拥有少量医疗数据和结算数据，导致健康保险发展存在较为严重的数据缺乏问题，这些问题归纳起来就是数据基础设施不完善问题。单个保险公司即使能够获得相关医疗数据，但数据整合代价高，数据交互所带来的商业价值不足以补偿构建数据整合机制所消耗的各种资源，使得商业健康保险公司一直存在诊疗结算数据库小导致无法精准核定发病概率等问题。要有效解决数据"孤岛"难题，必须加快建立商业健康保险与基本医疗保险、医疗机构之间的数据共享机制。《关于加快发展商业健康保险的若干意见》（国发〔2014〕50号）明确提出，鼓励商业保险机构参与人口健康数据应用业务平台建设。支持商业健康保险信息系统与基本医疗保险信息系统、医疗机构信息系统进行必要的信息共享。建立商业健康保险与基本医疗保险、医疗机构的数据共享机制重点应采取以下措施：

（1）逐级建立医疗大数据管理系统，实现不同医疗机构之间医疗数据的互联互通

实现商业保险公司与医疗机构的信息共享，首先必须建立医疗大数据管理系统。目前大部分三甲医院都建有自己的医疗数据管理系统，实现了患者治疗信息的医院内部共享，但是各大公立医院的医疗数据库基本上还是一个个的信息"孤岛"，相互之间互联互通的水平还比较低。公立医院之间的信息互联互通都还没有完全高效的落实，就更不用说让商业保险公司共享医疗信息了。由于医疗数据不能互联互通，商业保险公司常常不得不通过实地走访取得核保和理赔所需的健康数据，大大增加了保险公司的人工成本，限制了业务规模的扩张。少数商业保险公司采用逐一联系医疗和社保机构破除传递壁垒的方式获取基础数据，成本依然很高，难以在健康保险业内大范围推广。破解商业健康保险与医疗机构的信息共享难题，需要由国家卫健委主导，逐级建立医疗大数据管理系统。

首先，应由国家卫健委主导制订医疗数据采集标准化操作流程，要求医疗人员按照操作流程采集医疗机构、治疗时间、临床数据、医疗费用支付明细等医疗数据，并及时、规范地录入数据库。为建立统一的医疗大数据管理系统奠定数据基础。其次，由国家卫健委主导建立全国统一的医疗信息标准编码系统，如手术、检查、药品信息编码标准等等，以建立统一的疾病治疗流程与费用标准，实现规范化管理。最后，由国家卫健委主导制订医疗大数据互联互通发展规划和相关指引，逐级建立医疗大数据管理系统。先在一些基础较好的城市建立市一级的医疗大数据管理系统，在此基础上，再逐级建立省一级医疗大数据管理系统。条件成熟的时候再建立全国统一的医疗大数据管理系统，逐步提升医疗信息互联互通水平。

（2）建立商业健康保险与医疗大数据管理系统的交互对接机制

在逐级建立医疗大数据管理系统后，商业保险公司就可通过一定的数据交互对接机制从各级医疗大数据管理系统获取所需的医疗信息，有效管控由于信息不对称产生的各种经营风险，提升产品开发能力、拓展市场发展空间，推进保险业与健康服务业的融合发展。建立商业健康保险与医疗大数据管理系统的交互对接机制，技术上不存在太多问题，关键是保证经济上的可行性以及法律方面的合规性。为此，需要加强以下几个方面的制度建设：

一是建立医疗大数据获取资质评级制度。依据商业保险公司对医疗信息使用的规范化程度，给予不同等级的医疗大数据获取资质，资质水平高的商业保险公司可以共享更高层次的医疗大数据信息，资质低的商业保险公司只能共享一些低信息含量的医疗数据。对于违规使用医疗大数据的商业保险公司可降低获取医疗大数据的资质，直至取消其数据共享资质，依此保证医疗大数据的合规使用。二是建立医疗大数据有偿使用制度。商业保险公司获取医疗大数据需向医疗大数据管理方支付相应的费用。支付的费用可主要用于各级医疗大数据管理系统的运营和维护。三是建立完善的信息保护制度。要对商业保险公司访问医疗大数据库的权限予以适当限制，某些涉及投保人个人隐私以及医疗机构商业机密的信息应禁止向商业保险公司开放。商业保险公司在核保阶段获取投保人医疗大数据信息，必须事先征得投保人同意。在医疗大数据管理系统运营相对成熟后，允许商业保险公司只对加入医疗大数据管理系统的医疗机构的医疗行为予以保险理赔，既可降低商业健康保险的过度医疗风险，同时又有利于进一步促进医疗机构医疗服务规范化水平的提升。

7.3 促进商业保险业成为医养结合服务的 重要商业化供给主体

　　医养结合已成为我国养老服务业的主要发展方向。近年来，商业保险公司通过开发保险养老社区等商业模式积极进军养老服务业，不仅促进了自身的战略转型，而且还扩大了医养结合服务的商业化供给，一定程度上弥补了政府公益性养老供给不足的短板，促进了养老服务业供给侧结构性改革和产业升级，同时还增加了与医疗、健康管理、医疗有关的就业。考虑到老年人群体日益广泛的异质性与多元化的健康养老需求，医养结合服务模式也应该是多元化的，既要能够满足兜底性的医养结合服务需求，也要能够满足普惠型医养结合服务需求和改善型医养结合服务需求。以保险养老社区为代表的"保险＋健康养老"商业模式目前侧重满足中高收入老年人的改善型医养结合服务需求，在这一方面，商业保险具有明显优势：一是商业保险公司可以将养老保险产品与医养结合服务相结合，提供既包含养老保障又包含养老服务的整合型养老保险产品；二是商业保险公司具备长期资金管理的专业能力，与养老产业投资要求相匹配；三是商业保险公司具备较强的资源整合能力，可更好地促进"保险＋健康养老"商业模式的创新。目前我国医养结合服务还处于发展的初级阶段，还没有完全形成公益性与商业性有机协同的医养结合服务体系，因此应鼓励商业保险公司在医养结合服务市场空间尚未完全打开的战略机遇期，通过创新"保险＋健康养老"商业模式积极介入医养结合服务，整合康养类保障与康养类服务，构建健康保险产业链，在补充养老服务供给不足短板的同时，降低老年人群体的健康风险和医疗负担，从供给侧、支付端整合养老服务产业链，丰富养老生态，这不仅是推进健康中国战略的要求，也是积极应对老龄化的重要举措。

7.3.1 鼓励发展商业长期护理保险等养老保险产品

随着深度老龄化趋势的日益加剧，高龄、失能老年人口将不断增加。截至2021年底，我国2.6亿老年人中约1.9亿患有慢性病，占比超70%。失能老年人约4500万人，占老年人口比重超过15%（罗葛妹，2022）。据《中国养老服务蓝皮书（2012—2021）》预测，到2025年我国失能总人口将上升到7279.22万人，2030年将达1亿人。老年人长期护理服务正在成为医养结合服务的重中之重。针对老年人群专业医疗护理服务的刚性需求，发展长期护理保险成为医养结合战略的关键一环。长期护理保险作为体现健康保险服务质量的重要险种，其服务质量的评价与控制对提升康复护理服务的水平与质量具有重要作用。2016年我国选择承德等15个试点城市和2个重点联系省份，开展长期护理保险制度试点，探索独立筹资、独立运行的制度框架体系，重点解决重度失能人员基本生活照料和医疗护理所需费用。2019年《政府工作报告》首次提出"要改革完善医养结合政策，扩大长期护理保险制度试点"。2020年5月，国家医疗保障局下发《关于扩大长期护理保险制度试点的指导意见》，首次明确将长期护理保险设计成独立险种，提出要推动建立健全满足群众多元需求的多层次长期护理保障制度。根据国家医保局公布的数据，截至2022年3月底，长期护理保险制度试点覆盖49个城市、1.45亿人，累计有172万人享受待遇（罗葛妹，2022）。

目前，长期护理保险的发展主要面临以下一些问题：一是筹资问题，也就是谁来买单的问题。目前试点的社会型长期护理保险，资金主要来源于个人缴费、单位缴费和政府财政补贴。其中，个人和企业缴费部分大多是依托医疗保险基金，从个人、单位的医疗保险统筹基金中进行划转，主要有三种方式：直接从参保人的医疗保险统筹基金中进行划转或调整医疗保险统筹基金账户，如长春；个人缴费、医疗保险统筹基金与财政补贴相结合，如上海、苏州；通过个人缴费、单位缴费、医疗保险统筹基金划转与财政补贴相结合，如成都、上饶（刘文，王若颖，2020）。总体上看，上述长期护理保险资金的来源都有一个共同缺陷，就是过度依赖于医疗保险统筹基金，缺乏自身独立的资金来源，持续性差。我国许多地区的医疗保险基金并不十分充足，随着人口老龄化的加剧，长期护理保险的覆盖范围必然进一步扩大，过度依赖医疗保险基金将难以承担长期护理保险日益增长的支出。二是护理服务内容不完善。提供生活照料服务和医疗护理服务是长期护理保险应提供的主要服务内容，但在实践中，生活照料与医疗护理服务难以相互协同，且不同场景下长期护理服务的侧重点差异较大。如社区居家养老服务中，护理员提供的基本上是生活照料服务，缺少医疗护理服务。三是护理服务质量不高。多数机构护理员与执业护士的人数比例达 10∶1，执业护士人数远远少于护理员人数（刘慧，徐爱荣，2021）。一些社区养老机构的医疗硬件设施比较落后，即使有执业护士提供医疗护理服务，但这些服务明显侧重临时治疗而非长期护理，不能很好地帮助老人进行身体康复训练。

经过多年试点，我国目前已探索出多种长期护理保险模式，如南通的生活照护模式、承德的医养结合模式、北京海淀的商业相互保险模式等等（关博，朱小玉，2019）。但各地差异化的长期护理保险制度易于造成制度碎片化，长此以往，会导致各地长期护理保险制度的差异固化，造成不同地区之间的长期护理保险制度乃至基本医疗保险制度相互衔接困难。因此，在"十四五"期间应按照基本公共服务均等化要求，尽快制订全国统一的长期护理保险制度，采取强制参保原则，要求参保人员在参加基本医疗保险同时自动参加长期护理保险，保证长期护理保险的社会全覆盖。同时鼓励商业保险公司发展商业长期护理保险，以弥补社会长期护理保险的某些空白。通过健全长期护理保险的筹资机制，为开展长期护理服务提供稳定的资金保障，调动商业保险公司参与开发长期护理服务的积极性，积极解决深度老龄化带来的高龄、失能老年人的医养结合服务难题。

加快建立全国统一的指导性失能标准体系和审核制度，为评估老年人自理能力提供科学的审核程序，为老年人享受长期护理保险以及长期护理服务提供合理的评估标准。老年人享受长期护理保险，首先要有具备社区医养结合服务资质的社区医疗卫生机构提供老年人健康档案和初步失能评估意见。日本等许多国家通常将失能状态达6个月及以上的时间点界定为长期照护保险申请条件（张莹，刘晓梅，2019），我国也应借鉴这一制度安排，建立老年人失能的评估机制，这就要求社区卫生服务机构医护人员深入社区和家庭，了解老年人失能状况的第一手资料，建立非自理型老年人社区登记制度。其次由包括长期护理保险管理机构、医疗机构、康复机构等代表组成的专家评估委员会对申请人进行上门评估，评估结果作为参保人员享受长期护理保险、接受长期护理服务的基本依据，也可作为保险公司开发商业长期护理保险产品中有关失能认定和护理服务提供、护理费用支付的基础标准，保险公司可在此基础上进一步开发多样性长期护理保险产品。

除了长期护理保险外，还应鼓励商业保险公司积极开发老年人意外伤害险、养老机构责任险、养老服务人员投保职业责任险和意外伤害险、保险版"以房养老"等医养类保险产品，以及养老型理财产品、信托产品等养老金融产品，提高老年人的养老服务支付能力。

7.3.2 支持商业保险公司兴办多样化、连锁化医养结合型养老服务机构

从政策上看，政府是明确支持商业保险公司投资经营养老服务业的，如《关于金融支持养老服务业加快发展的指导意见》提出，支持保险资金参与医疗、养老和健康产业投资，支持保险资金以投资新建、参股、并购等方式兴办养老社区，增加社会养老资源供给，促进保险业和养老产业共同发展。《关于推进养老服务发展的意见》提出，支持商业保险机构举办养老服务机构或参与养老服务机构的建设和运营，适度拓宽保险资金投资建设养老项目资金来源。

目前，商业保险公司投资的养老服务项目多定位为高端养老社区，目标客户是高收入老年人群体，潜在市场需求相对有限，面临进一步拓展客户来源的问题。从我国养老服务业未来发展趋向上看，构建"9073"的养老格局是一个大方向，即90%的老年人采用居家养老、7%的老年人采用社区养老、3%的老年人采用机构养老（郑伟厚，刘晓桐，2019）。3%的采用机构养老的老年人将是商业保险公司养老项目潜在的总体市场。当然，这3%中的低收入老年人群体的机构养老问题主要还是靠政府发挥作用，通过公立养老机构的兜底性养老服务、普惠型养老服务来解决。因此，留给保险养老社区的市场空间只是3%中的中高收入老年人中的一部分，商业保险公司在全国都

建设高端养老社区，是否有足够多的客户来入住养老社区就成为一个值得关注的问题，解决的方式就是拓展中等收入老年人的养老市场。一些商业保险公司已经注意到了从高收入老年人向中等收入老年人扩展养老服务目标市场的问题。如泰康人寿通过优化房型户型、优化运营效率和科技赋能来降低保险养老社区的运营成本和收费，以使普通人也有机会入住保险养老社区。

为了鼓励商业保险公司开发中等收入老年人群体的养老服务市场，应对商业保险公司在高端保险养老社区之外，对其通过自建、收购、控股、战略合作等方式投资的非大型社区化的医养结合服务如大型保险养护院和医养结合型保险养老公寓，在土地供应、税费减免等方面予以优惠。与保险养老社区相比，大型养老护理院一般不具备社区环境，但拥有相对独立的绿化条件良好的院落，由专业的医疗保健团队和日常照料团队负责日常运营，一般位于城市郊区。而医养结合型保险养老公寓一般不具有独立的院落，但拥有完整的楼宇和专业的医疗保健团队和日常照料团队，通常位于城市主要街区，即可为自理型老年人提供医养结合服务，也可为失能老年人提供长期护理服务，同时也便于子女亲属经常探望照顾。在具体经营模式和服务模式上，保险养老公寓可使用保险公司的商业标识，采取统一的服务流程和服务标准的连锁式经营模式和持续照护型闭环服务模式，由于保险养老公寓位于城市主城区，且收费低于高端保险养老社区，因此更适合满足城市中数量庞大的中等收入老年人群体的医养结合服务需求。通过鼓励开发与康养类保险产品相衔接的大型保险养老护理院和保险养老护理公寓，商业保险公司可形成包括针对高收入老年人的高端保险养老社区，针对中等收入老年人的大型保险养护院和医养结合型保险养老公寓等多样化"保险＋养老"商业模式，进一步发挥保险业支持养老服务实体经济发展的重要作用。

7.3.3 积极推进对营利性养老机构税费、用地等方面的优惠政策支持

目前，对包括保险养老社区在内的营利性养老机构的税费优惠力度明显低于对非营利性养老机构的优惠力度。按照相关规定，非营利养老机构享受四项税费优惠：①因提供养护服务所获收入免纳增值税；②自用房产、土地免纳房产税、城镇土地使用税；③部分非营利养老机构可按规定免纳企业所得税；④对建设非营利养老机构免征行政事业性收费。但是，营利性养老机构仅免纳因提供养护服务所获收入的增值税，对建设过程的行政事业性收费可减半缴纳。笔者认为，对于保险养老社区等营利性养老机构应考虑到其提供的养老服务的公益性质，或者说，营利性养老机构实际上也承担了部分原来由政府承担的养老服务，减轻了政府财政负担，因此应考虑到其对养老事业的贡献度作为减税降负的依据，如依据营利性养老机构收纳失能、失智老人的数量或比例给予不同程度的税收优惠，并将优惠幅度精细量化。这样既减轻了经营者的税负，又可鼓励商业保险公司更多投资于以失能、失智老人为主要目标群体的护理型医养结合服务，帮助政府缓解公益性养老负担。

在养老用地方面，应对保险投资不动产和保险投资养老机构采取不同的政策。鉴于养老服务业巨大的社会效益，可将养老服务业列为独立投资项目或单独划分投资比例。目前各地养老产业用地基本为医疗、住宅、旅游和综合用地，因为不同性质土地成本、使用年限、政策等区别较大，不利于保险公司投资经营养老服务业。建议在政策上

应单独列出养老类产业用地，明确用于养老产业的土地性质归属问题，保证养老地产"只租不买"的土地使用性质，同时细化养老产业用地的相关配套政策，以降低土地开发成本，减免养老建筑房产税以及给予养老住房建设一定的建设补贴，进一步解决商业保险公司投资运营养老服务项目的"卡脖子"环节，为商业保险公司开发养老服务业提供更为宽松的市场空间。

参考文献：

［1］关博，朱小玉．中国长期护理保险制度：试点评估与全面建制［J］．宏观经济研究，2019（10）．

［2］顾昕，陈斯惟．民营医院在中国医疗供给侧的市场份额［J］．新疆师范大学学报（哲社版），2018（7）．

［3］刘慧，徐爱荣．健康保险与健康中国：现状、问题及对策［J］．上海立信会计金融学院学报，2021（1）．

［4］刘涛，何亮等．基于国际经验的我国保险与医疗合作模式研究［J］．管理现代化，2019（3）．

［5］刘文，王若颖．我国试点城市长期护理保险筹资效率研究——基于14个试点城市的实证分析［J］．西北人口，2020（5）．

［6］罗葛妹．长护险试点六年"成绩单"［N］．国际金融报，2022－07－25．

［7］孙东雅．美国健康保险发展启示［J］．中国金融，2015（1）．

［8］韦潇，孟庆跃．我国社会办医主要政策问题及其对策建议［J］．中国卫生政策研究，2017（5）．

［9］徐昆．商业健康保险与医疗大数据对接交互系统研究［J］．金融理论与实践，2018（7）．

［10］张莹，刘晓梅．结合、融合、整合：我国医养结合的思辨与分析［J］．东北师大学报（哲学社会科学版），2019（2）．

［11］郑伟厚，刘晓桐．我国保险公司布局养老产业的现状分析及优化建议［J］．南方金融，2019（3）．